AF485413

Violeta Osorio / Francisco Saraceno

MUJERES INVISIBLES

Partos y patriarcado

editora
interseccional

Osorio Ramírez, Violeta

Mujeres invisibles : partos y patriarcado / Violeta Osorio Ramírez ; Francisco Saraceno Esparza ; prólogo de Julieta Saulo. - 1a ed . - Hurlingham : Rodrigo Miguel Parada, 2019.
192 p. ; 24 x 17 cm.

ISBN 978-987-86-0080-2

1. Violencia Obstétrica. 2. Embarazo. 3. Parto. I. Saraceno Esparza, Francisco. II. Saulo, Julieta, prolog. III. Título.
CDD 618.2

Edición al cuidado de Rodrigo Parada

Correcciones: Aylín Pitluk

Diseño de portada: Pablo Cortés

ISBN 978-987-86-0080-2

Impreso en Gutten Press // Tabaré 1760, Ciudad Autónoma de Buenos Aires en el mes de abril de 2019

A María del Carmen y María Patricia, nuestras madres, quienes nos parieron a la vida y nos dieron la fuerza para vivirla con pasión.

A Kyara y Frida niñas del deseo, hijas del poder y la libertad, por las batallas que darán y las conquistas que tendrán. Por las mujeres fuertes, rebeldes e insumisas que ya son.

A las activistas, compañeras incansables de ruta y lucha, quienes con pasión y compromiso ponen el cuerpo para que cada mujer sea dueña de su cuerpo, su deseo y su placer.

A las valientes mujeres que son el espacio seguro donde he podido recuperar la voz y junto a quienes destrozo el patriarcado que hay en mí.

Y a todas las mujeres quienes desde sus elecciones y cuestionamientos están forzando al sistema a cambiar sus prácticas.

A las que fueron, las que son y las que serán.

MUJERES INVISIBLES

Partos y patriarcado

ÍNDICE

Violaciones cotidianas
Parir en el patriarcado
El poder transgresor del parto
El espacio del no-derecho
¿Qué hay de malo en mi o en mi bebé?
Creencias violentas construyen prácticas violentas
Lo normal por norma, no por natural
¿Qué evidencia la evidencia científica?
La voz autorizada, el cuerpo mutilado

Violencia obstétrica, violencia machista
Las pruebas de la violencia
Cultura de la violación en la sala de partos
Una cuestión de género
La patologización de la salud
Cuerpos de mujer, territorio de varón
La mujer envase, el pedazo de cuerpo
El poder moralizador del parto
Una especialidad ignorante y criminal
Semmelweis y la fiebre puerperal
Hunter y Smellie, la anatomía del horror
Sims y la esclavitud por el bien mayor

Los cimientos sobre los que nos erigimos
Parir hijxs para la guerra
De abejas y flores
La buena madre

Prólogo

Una de las tantas cosas que nos han arrebatado a las mujeres es la potestad sobre nuestra vida sexual y reproductiva. En el patriarcado no caben las mujeres autónomas y soberanas. ¿Qué más funcional a este sistema nefasto que trastocar la escena de los partos y nacimientos donde debería abundar la salud, la fisiología y la fortaleza y en cambio reinan los escenarios despersonalizados, fríos y violentos? Nacimiento tras nacimiento queda demostrado que el modelo de atención al parto no es una cuestión médica o científica, sino un asunto cultural y político. El patriarcado nos dice "Parirás con dolor, lo harás dentro del sistema y exactamente como yo te ordene".

Este libro grita por cada mujer que ha sufrido las vulneraciones, los cortes, las mutilaciones y las conductas aleccionadoras que imperan en la escena de los nacimientos. Deconstruir el sabotaje del miedo desde el cual opera el sistema médico hegemónico es vital para que las mujeres volvamos a ser personas visibles en nuestros partos y en el nacimiento de nuestrxs hijxs, para que no nos olvidemos que tener un parto respetado no es una opción, es un derecho.

Desobedecer en un mundo en el que se nos educa para que obedezcamos y no cuestionemos es un acto subversivo, insumiso y revolucionario, como lo es este libro. Estas páginas son la chispa que encenderá la llama, esa llama que a mí me ayudaron a prender Viole y Fran y que me permitió quemar estructuras, arrasar con prejuicios, empoderarme y parir en libertad, haciendo carne eso de que *lo personal es político*. La desobediencia tiene mala prensa y este es un libro escrito por dos personas desobedientes.

Que arda y que, por sobre todas las cosas, ilumine de manera bien contundente para que ninguna de nosotras vuelva a ser invisible nunca más.

Ahora sí: preparadxs, listxs, ¡ya!

Julieta Saulo

Palabras preliminares

Este libro es de esas cosas que se tejen en la vida diaria. Empezamos a escribirlo, sin saberlo, el día que nuestros caminos se cruzaron. Nos conocimos en una marcha, en Congreso, por el día de la partera. Llovía y éramos pocxs, pero aun así dimos la vuelta a la plaza en un acto de convicción y de amor por esta lucha que nos unió desde el primer instante. Un acto profundamente significativo, como un augurio de quiénes seríamos Fran y Violeta al convertirnos en *nosotrxs*.

En casa se respira partería, y con las historias entrañables de cada familia se entrelazan nuestros proyectos y convicciones para que cada nacimiento sea un acto de poder y bienestar, para que cada mujer que se abre a la vida lo haga plena e íntegra, en absoluto ejercicio de sus derechos, consciente de su fuerza y su potencia; para que lo que se escuche sean sus gritos de libertad y no los silencios del miedo y la violencia; para que el nacimiento de cada niñx sea una celebración de su vida y que esa seguridad lx acompañe siempre y florezca en su interior como la certeza de aquello que merece y *es*.

Este libro es una de esas grandes apuestas.

Violeta y Francisco

1. CUESTIONARLO TODO

Parirás con dolor reza la maldición bíblica. Parirás atada, drogada, anestesiada, manoseada y violentada, mirando al techo, como si no estuvieras, como si no importaras. *Parirás sufriendo* impone la realidad del modelo dominante de atención perinatal y eso no es medicina, no es ciencia: es cultura, y se llama patriarcado.

Violaciones cotidianas

Había soñado con ese día, me lo había imaginado tanto, siempre feliz, perfecto, maravilloso, el mejor día de mi vida, pero en cuanto entré a ese lugar el mundo se desmoronó.

Primero me drogaron y cada tanto aumentaban la dosis, y así quedé frágil y vulnerable a merced de ellxs. Me abrieron las piernas, me ataron. Acostada e inmóvil no fui más que un cacho de carne. Cada segundo era peor que el anterior.

Entre varixs me introducían los dedos en la vagina, me daban órdenes, entraban y salían de mí, me hacían daño; yo pedía que me dejaran, que por favor pararan, pero era como si no me escucharan; en todo lo que duró a nadie le importó lo que yo decía. Estaban lxs que hacían, lxs que solo miraban, lxs que entraban y salían. Tantas caras, tantas voces, tantos pedidos de ayuda que cayeron en el vacío. Ningunx pareció entender mi dolor, era como si eso que pasaba conmigo fuera lo normal. Yo les decía que no podía más, que pararan, que me dolía mucho y me mandaban a callar, se reían de mí. Decían que era mi responsabilidad, que yo me lo había buscado, que bien que me había gustado, ahora tenía que aguantarme y que si no me portaba bien iba a ser mucho peor.

Creí que me moría, me rompieron por dentro. Tuvieron que coserme la vagina y quedé con la panza llena de moretones. Durante días me dolió el cuerpo entero, me costaba caminar, ir al baño. Luego, durante horas, estuve tirada en la mitad de un pasillo, sola, desnuda, vacía, temblando de frío y de miedo, no tenía fuerzas ni para llorar, mi mente en blanco solo trataba de huir, de decirme que era mentira, que no había pasado, que eso no me había pasado a mí.

Durante mucho tiempo he querido hablar, denunciar, contar lo que me pasó pero nadie quiere escuchar, me han dicho que no es para tanto, que ellxs tendrían sus razones. Parece que de esto no se habla y que incluso debería estar agradecida, porque estamos sanxs y bien. Pero pasan los meses y yo me sigo hundiendo. No hay día en que no me pregunte qué fue lo que hice mal. Tengo pesadillas, hay imágenes y sensaciones que no puedo sacar de mi cabeza y que me persiguen todo el tiempo. Sueño que vuelvo a estar ahí, quiero gritar, decir algo y solo sale chicle de mi boca. Quiero correr y mis piernas no responden, me robaron la voz, me expropiaron el cuerpo. Me rompieron por dentro, y yo solo quería parir a mi bebé.

Parir en el patriarcado

Cada día miles de mujeres y bebés son puestxs en riesgo por el uso indiscriminado de intervenciones y medicalización de rutina y atraviesan su parto/nacimiento como un acto médico y no como un hecho sano y fisiológico. Solo en este día miles de mujeres serán vulneradas, privadas de su autonomía, tratadas *como un pedazo de carne*, un mero campo de trabajo sin voz ni voto. Mujeres de todo el mundo relatan sus partos como violaciones, escenas en las que fueron cortadas, atadas, drogadas, maltratadas y humilladas. Bebés en todo el mundo llenan las salas de neonatología por complicaciones producto de nacimientos intervenidos.

Desde hace décadas el nacimiento se ha transformado en una tortura socialmente legitimada; atravesamos los nacimientos siendo abusadxs y torturadxs, y lo más peligroso es que muchxs no tenemos registro ni consciencia del nivel de violencia al que hemos sido expuestxs.

No parimos ni nacemos fuera de contexto, ni a nivel micro (historia de vida y creencias familiares) ni a nivel macro (paradigmas sociales), no estamos exentxs del entorno. El patriarcado se funda sobre la ley del padre, el privilegio del varón, y mujeres y niñxs estamos supeditadxs a sus necesidades y conveniencias. La supuesta igualdad legislativa no opera sobre la raíz del patriarcado y las prácticas que lo sostienen y esto es determinante a la hora del parto/nacimiento, ese preciso momento en que lxs protagonistas son justamente lxs oprimidxs, por lo que el patriarcado se manifiesta con todo el rigor del sistema de pensamiento que lo sustenta.

Hemos naturalizado e invisibilizado tanto lo que nos vende el sistema médico dominante que damos por hecho que parir es una cadena interminable de intervenciones invasivas, gritos acallados y burlas de paternalismo. Hemos normalizado la creencia de que nacer es entrar al mundo con miedo y vulneración, que lo normal, lo esperable, *lo que toca* es que te corten la vagina, se te suban a la panza, te pongan goteo, te acuesten, te aten, se rían de vos, te den órdenes o te traten con soberbia e indiferencia.

El modelo dominante de atención perinatal, lejos de velar por nuestra salud y seguridad, nos expone a una de las formas de violencia más sistemáticas, cotidianas y naturalizadas: la violencia obstétrica. Si a un relato de violencia obstétrica le sacáramos las alusiones concretas al parto, si no quedaran palabras como *bebé, contracción, goteo, episiotomía, y obstetra* estaríamos frente a un evidente relato de vulneración y abuso. Las mujeres y lxs bebés somos sistemáticamente violadxs en el momento del parto/nacimiento. Como si el patriarcado, encarnado en la medicina, nos diera una vez más nuestro castigo por pecadoras.

Se trata de un modelo de atención que no construye sus prácticas ni criterios desde parámetros médicos o científicos. Es un asunto cultural y político, sin respaldo académico, pero con absoluta legitimidad social. Esas creencias, que entre todxs nutrimos y avalamos, son las que siguen sosteniendo la vulneración cotidiana de nuestros derechos y nuestra salud.

El poder transgresor del parto

Una mujer en el momento del parto, incluso en circunstancias hostiles e inhóspitas, se encuentra cara a cara con todo su coraje y fortaleza física, psíquica y emocional. Existe un momento, quizá solo un instante, en que se hace imposible reprimir la fuerza salvaje que nos posee, en el que no podemos controlar el poder que nos grita desde las entrañas. La niña buena y obediente se hace trizas, la socialización que nos ha sido impuesta se quiebra en nosotras y ya no volvemos a ser las mismas. Miramos de frente a nuestra muerte y sobrevivimos a ella. Rompemos una y otra vez los límites que creíamos tener y nos fusionamos con la intensidad para poder sobrevivirla. El dolor que parecía insostenible en algún momento se transforma en núcleo de nuestro poder y esa sensación que nos oprimía ahora es una fortaleza desconocida que nos empuja cada vez más lejos. La exigencia física, emocional y psíquica es enorme, atravesamos el umbral hacia lo desconocido, solas y sin más brújula que nuestra propia química y el trabajo de todos nuestros músculos en acción. Y no importa cuánto ni cómo busquen acallarnos, nos queda el registro de nuestra titánica tarea, del inmenso coraje que encontramos en nosotras mismas para poder realizarla. El poder que se despliega en el momento del parto resulta absolutamente subversivo en una cultura que odia, desprecia y violenta a las mujeres y es por eso que desde hace siglos el patriarcado, en manos del sistema médico dominante, ha buscado domar y dominar la potencia de las mujeres en el trance de parir.

Las instituciones médicas se convirtieron en el escenario perfecto para un brutal ritual destinado a exterminar todo vestigio de fuerza, coraje y poder. *Estás enferma y en peligro* nos gritan las luces blancas, el suero al que estamos enchufadas, el material quirúrgico, los pasillos inhóspitos. *Sos incapaz de hacerlo sola* es el mensaje de cada bata blanca que se cruza en nuestro camino. *Nos debés la vida*, nos dicen todas las manos, los ojos, los ambos en su actitud de emergencia constante, con esa soberbia aprendida, como quien está frente a una bomba que nadie más puede desactivar. Nos miran con sospecha, como a una máquina inoperante, nos hablan con frases despectivas, desprecian nuestra capacidad de atravesar el proceso, nos llenan de amenazas.

Cada detalle ahí dentro dice que nos quieren sumisas, pasivas, en silencio. Los partos ya estarían prohibidos si no fuera porque a través de ellos las mujeres proveemos mano de obra y soldados al patriarcado.

El espacio del no-derecho

En la mayoría de los casos, atravesar el umbral de las instituciones médicas implica, para la mujer, la pérdida de sus derechos y de la potestad sobre su cuerpo y el bienestar de su hijx. Las instituciones médicas se transforman en espacios de no-derecho, entes de vigilancia y control, territorios donde las leyes se violan y los derechos se vulneran sin que medie ningún tipo de sanción. Amparadas por las normas sociales y la legitimidad cultural, las instituciones médicas (bajo el ala del Estado) crean un marco favorable para el ejercicio de la violencia y el abuso de poder.

Aislada de sus afectos y su entorno, aterrorizada y despojada de la posibilidad de decidir sobre su propio cuerpo, la mujer es sustraída de su calidad de sujeta de derecho y se transforma en un útero al que se lo hace parir y que debe obediencia ciega como gratitud por la atención recibida; pierde el amparo del Estado-ley y cualquier acción denigrante o cruel que se ejerza sobre ella goza de legitimidad social, porque se responde que responde a la búsqueda de un bien mayor. En la base de esta vulneración sistemática subyace la creencia de que las mujeres somos negligentes, egoístas e irresponsables por naturaleza, por lo que no solo requerimos de la tutela del Estado, el varón y/o lxs profesionales de la medicina, sino que además el disciplinamiento es indispensable para garantizar nuestro correcto desempeño como mujeres y madres.

En este contexto, la posibilidad de mantener nuestra integridad al salir de la sala de parto resulta una misión imposible, ya que las instituciones médicas y lxs profesionales sanitarixs que responden al modelo dominante son entes peligrosos para la salud, bienestar, dignidad e integridad de las mujeres.

¿Qué hay de malo en mi o en mi bebé?

El común denominador de las experiencias de las mujeres en su relación con la atención obstétrica es la sensación de que existe en ellas o en sus hijxs algún tipo de error o problema. "Qué hay de malo en mí o en mi bebé que pasé la semana 40 y aún no inicio el trabajo de parto", "qué me sucede que tengo contracciones ineficaces", "soy muy baja", "soy muy gorda", "soy muy flaca", "no sé pujar", "mi bebé no bajó", "me esperaron un montón y aun así no dilaté", "mi bebé es muy chicx para nacer", "es muy grande y me va a romper toda", "subí mucho en el embarazo", "la panza está muy alta", "el bebé está sentado", "está sobre el lado derecho", y así hasta el infinito.

¿Hasta cuándo vamos a seguir cuestionando y culpabilizando a las mujeres, sosteniendo y perpetuando la creencia absurda de que somos poseedoras de una fisiología atrofiada y suicida? ¿Hasta cuándo vamos a seguir permitiendo que otrxs tomen decisiones sobre nuestros cuerpos basándose en ideas y creencias que carecen de sustento científico? Nacimiento tras nacimiento, mujeres y bebés volvemos a demostrar que somos tan fuertes, tan infinitamente capaces, que aún ancladas en un modelo de atención nocivo y hostil seguimos pudiendo parir y nacer.

No somos nosotxs quienes debemos ser puestxs en duda sino este sistema perverso, este modelo que pretende hacer postulados rígidos y absolutos, llevar a cabo protocolos estándar y rígidas rutinas que parecen desconocer la esencia fisiológica y emocional de un hecho tan íntimo, potente, trascendente y particular como es un nacimiento. Es este sistema, que insiste en tratarnos como enfermxs a nosotras y a nuestrxs hijxs, el que debe ser cuestionado y transformado. El modelo de atención debería adaptarse a las necesidades de cada díada y no las mujeres y bebés seguir hiriéndonos por amoldarnos a lo que se espera de nosotrxs, a lo que dicen los libros y resulta cómodo y conveniente para lxs profesionales.

Las mujeres y nuestrxs hijxs somos presxs de un sistema de atención perinatal que siempre busca lo que no somos, lo que no tenemos, y así terminamos cargando heridas de por vida solo por tratar de adaptarnos, de ser *buenas chicas* y portarnos bien. Una vez más.

Es aterrador notar que la industria de la belleza y las cirugías plásticas no difieren tanto de la obstetricia: se basan en los mismos paradigmas, manejan un mismo concepto de mujer. En ambas, nuestros cuerpos son cuestionados, puestos en dudas, mirados con recelo y tenemos un millón de problemas por los que debemos ser invadidas, intervenidas, operadas y medicalizadas (un crimen más que el patriarcado comete sobre nosotras). Somos esclavas de un modelo de mujer paridora que no existe y según el cual lxs profesionales tienen permiso para cortarnos, drogarnos, mutilarnos y maltratarnos, en nombre de preceptos que nada tienen que ver con la salud, el bienestar y el respeto por la vida.

El problema no somos las mujeres, ni nuestrxs hijxs, no es nuestra fisiología la que debe ponerse en duda, la pregunta no es "¿qué tengo yo o que tiene mi bebé?" sino qué tiene el sistema médico dominante que se empeña en llevar la salud al terreno de la patología, creando así riesgos donde no los hay y complicaciones donde antes había salud, cambiando el sostén y el acompañamiento por un modelo intervencionista e invasivo que deja secuelas emocionales y físicas en toda la sociedad.

Hemos llegado hasta aquí, hasta el día de hoy, y tenemos futuro como especie gracias a la capacidad de las mujeres y bebés de seguir pariendo y naciendo, aun en las condiciones más hostiles y desfavorables. Aun en condiciones que atentan contra la vida, la salud y el bienestar, con protocolos y creencias que nos juegan en contra, aun así parimos y nacemos.

Creencias violentas construyen prácticas violentas

La cruenta realidad cotidiana en las salas de parto no responde a una falta de evidencia científica que demuestre que el modelo de atención intervencionista es nocivo sino que sus bases se asientan en las creencias y paradigmas culturales que nos rigen y tiene un fuerte significado político, en tanto y en cuanto reproduce mecanismos de control sobre las mujeres y sus hijxs, y evidencia el lugar de opresión al que seguimos siendo relegadas. En una cultura patriarcal, adultocéntrica y misógina, parir y nacer no puede ser otra cosa que un trámite hostil en el que las mujeres cumplimos nuestro designio de género y lxs niñxs son introducidxs en una cultura violenta.

El mensaje subyacente de la atención perinatal dominante es que tanto mujeres como niñxs seguimos siendo pertenencia del varón y ciudadanxs de segunda y que éste, a través del sistema médico, puede disponer de nuestros cuerpos y nuestra voluntad a su antojo. Bajo este modelo de atención, mujeres y niñxs somos mero objeto y nunca sujetxs de derecho. Sin ningún tipo de reparo y de diversas maneras, el sistema nos dice y nos recuerda que nuestro bienestar físico, emocional y psicológico estará siempre relegado a un segundo plano.

Entonces, aunque parezca que hablamos de embarazo, parto y posparto, la pregunta constante no es solo por el nacimiento como un fenómeno aislado sino por todo aquello que devela la realidad social a la que somos sometidxs las mujeres y lxs niñxs y los mecanismos de control y dominación a los que seguimos siendo expuestxs. No es difícil establecer paralelismos entre la violencia que se ejerce dentro de la sala de parto y las situaciones de violencia y abuso que padecemos las mujeres en otras áreas de nuestra vida: las mismas exigencias y demandas, las mismas creencias soterradas, el mismo lugar de sumisión, obediencia y subordinación al macho. Solo cambia el escenario y la terrible certeza de que la violencia obstétrica es, además, una de las violencias más sistemáticas y naturalizadas.

Pensar en la escena de un parto es imaginar a una mujer acostada, con las piernas abiertas y posiblemente atadas (posición que ya evidencia uno de los aspectos centrales de la socialización de las mujeres: estar disponibles para el otro y que nuestros cuerpos sean de fácil acceso). Se trata de una posición cuya única justificación es brindar comodidad al equipo obstétrico aun a costa del bienestar y las necesidades emocionales y fisiológicas de la mujer y el/la bebé. Está allí, enchufada a un suero como si fuera un cordón umbilical que la une a la institución y le recuerda que su supervivencia depende de la intervención médica y de la buena predisposición que ella muestre hacia lxs profesionales. Si ella "colabora", el equipo médico seguirá brindándole atención y cuidados; si se "rebela", el caudal que corre por sus venas puede ser desenchufado. Está privada de su voz y de la expresión de sus emociones, solo importa lo que otrxs tengan para decir, opinar e imponer sobre su estado y el proceso que está atravesando. Sus deseos, expectativas y necesidades son tomados como caprichos, pedidos ridículos producto de su estado hormonal y su emocionalidad susceptible y débil. Si osa exigir que se respeten sus derechos es tildada de egoísta por no pensar en el bienestar de su hijx. La mujer queda sometida a prácticas innecesarias, invasivas y crueles simplemente porque lxs profesionales "opinan" que es lo mejor, aunque la evidencia científica demuestre lo contrario, aunque ella pida y necesite lo opuesto.

Y por si esto fuera poco, una vez más se espera que seamos "buenas chicas": obedecer sin cuestionar; no ser escuchadas ni vistas; actuar como si no estuviéramos; tener un alto registro de las emociones y necesidades de lxs otrxs y procurar satisfacerlas aún en detrimento de las propias; y por supuesto, estar dispuestas al sacrificio y la abnegación materna.

La atención obstétrica (y dentro de ella el nacimiento de lxs hijxs) es percibida por algunas mujeres como el encuentro más brutal y descarnado con la violencia machista. Aquello que desde niñas escucharon respecto de que el del parto sería el "mejor día de sus vidas" de pronto se transforma en una pesadilla de la que solo quieren despertar. Y cuando encuentren la fuerza para hablar del abuso que sufrieron, la respuesta del sistema médico y la sociedad que lo legitima será ni más ni menos que *pero de qué te quejas si tu hijx está sanx*.

El modelo de atención perinatal dominante es sin lugar a dudas un proceso de violación y vulneración sistemática con total legitimación y naturalización social. Ponerlo en jaque implica cuestionar los cimientos del patriarcado. Creencias violentas construyen prácticas violentas. Por eso entendemos que debemos cuestionarlo todo. Ese es el camino.

Lo normal por norma, no por natural

Nos imaginamos entrando a la institución con contracciones, un bolso y un/a compañerx (si hay) desencajadx entre la alegría y el miedo; nosotras respirando como hemos visto tantas veces, en tantas películas, como nos recomendaron en el curso preparto. La siguiente escena que imaginamos es la de la salida, por la misma puerta pero ahora con un bulto de frazadas en brazos, radiantes de maternidad, con un/a compañerx que nos escolta cargando ese bolso que ahora simboliza nuestra recién estrenada condición de madres. En el mejor de los casos tenemos una tercera imagen en el medio: nosotras acostadas en una sala de parto, con las piernas atadas en los estribos, gritando rodeadas de profesionales con ambo y barbijo; todo muy quirúrgico, científico, aséptico, *lo mejor de lo mejor*. ¿Qué pasó realmente entre esas tres escenas? ¿Qué pasa en esos días entre que pisamos la institución y salimos de ella cargando a nuestrx hijx? ¿Qué pasa con nosotras, con nuestro cuerpo, con nuestro bebé? ¿Quiénes entran y quiénes salen de esa institución?

En el medio pasa todo, en el medio pasa una vida que llega, una mujer que se abre a la vida y una familia que nace; y el modo en que se dé ese nacimiento impactará no solo en sus protagonistas sino en la sociedad toda. Ese *medio* nos condiciona como especie: llevamos las heridas abiertas y silenciosas de los partos violentos e intervenidos.

Crecimos con un modelo de nacimiento en la cabeza, alimentado por las historias de quienes nos rodean, las imágenes de los medios de comunicación y, por supuesto, el discurso médico hegemónico. Hemos ido construyendo una imagen compartida de lo que debe ser un nacimiento, una serie de supuestos que damos por universales: que los nacimientos deben ocurrir en instituciones médicas; que deben ser en una cama y con una mujer acostada y atada; que la mujer requiere de asistencia médica permanente e intervenciones para poder hacerlo; que el/la bebé no puede salir por sí mismx e indefectiblemente debe ser "ayudadx"; que las figuras más importantes del proceso son lxs profesionales de la medicina y que es gracias a ellxs que mujeres y bebés están vivxs para contarlo; que por ello es indispensable que estén cómodxs para poder realizar su trabajo, aunque eso signifique la pérdida de bienestar de la mujer y la total desestimación de sus expectativas y deseos; que la figura de autoridad es el equipo obstétrico, razón por la cual están habilitadxs incluso a manipular, coercionar y vulnerar a la mujer para conseguir su obediencia; que las mujeres no sabemos, ni entendemos y que como estamos hormonalmente alteradas y emocionalmente afectadas no estamos en condiciones de tomar decisiones. Lo que hoy llamamos atención perinatal *normal* es tan solo algo a lo que estamos (mal) acostumbradxs, rituales que en algún momento se impusieron y que a fuerza de tradición, repetición y marketing hemos llegado a naturalizar: lo que se presenta como única opción posible y sobre todo la más saludable y segura. Pero lo normal, la norma, siempre responde a un contexto, no es más que una construcción socialmente legitimada que se impone como *verdad*.

¿Qué evidencia la evidencia científica?

Desde hace algunas décadas, la evidencia científica se ha convertido en una aliada de la lucha de las mujeres por recuperar el poder y el control en los partos. Ante un modelo de atención intervencionista aparecen estudios que pretenden cuestionar ciertos supuestos que hemos dado por verdaderos. Sin embargo, existen también los estudios que validan y legitiman el modelo de atención hegemónico. Pareciera haber una versión para cada intención y postura.

La ciencia no se construye en el vacío, no existe fuera de contexto y por supuesto no es neutral. Tenemos la idea de que la ciencia es un territorio aséptico, impoluto y transparente; la ciencia todopoderosa, una verdad absoluta e imparcial. Pero no existe tal cosa, la ciencia está construida por personas y las personas actualmente somos socializadas dentro de una cultura patriarcal, misógina y adultocéntrica en el marco de la cual se produce, también, el discurso científico, sus premisas, bases e instrumentos. ¿Qué merece ser considerado "objeto" de estudio?, ¿cómo se estudia?, ¿qué elementos se priorizan?, ¿quién estudia y quién es estudiadx?

La evidencia científica responde a intereses políticos y económicos. La estadística siempre puede ser leída de modo que resulte funcional al sistema dominante y los intereses de la corporación médica y sus finanzas. Pero incluso con las mejores intenciones, los sesgos existen, la imparcialidad es imposible y la evidencia científica está atravesada por los prejuicios y supuestos de quienes la construyen. La construcción de evidencia científica tal y como la conocemos establece un proceso vertical y jerárquico, en el que alguien o algo es estudiado y convertido en objeto, mientras que otrx tiene el poder de estudiarlo y determinar lo que será tomado como verdadero. Quien estudia ocupa la voz y la experiencia del objeto de estudio, tiene la potestad de traducirla y convertirla en norma.

¿Qué tanto puede transformarse el modelo de atención perinatal imperante si en el proceso de construcción de la evidencia científica las mujeres seguimos privadas de nuestra voz, si nuestros deseos y necesidades siguen siendo considerados un detalle menor? Si el modelo de atención intervencionista es el que determina el contexto de estudio, ¿qué tan legítimos podemos considerar sus resultados? Cuando se evalúa la pertinencia y necesidad de las intervenciones médicas o el empleo de los nuevos instrumentos y tecnologías es indispensable mirar el contexto en el que se construyen ciertos supuestos, aun cuando parecen ser coherentes y objetivos. Para que una investigación sobre nueva tecnología y uso de intervenciones sea legítima primero tendrían que garantizarse las condiciones necesarias (tanto fisiológicas como emocionales y psicológicas) para no tener que recurrir al dispositivo en evaluación. Solo así podríamos decir que estamos frente a un estudio científico que pretende evaluar la verdadera pertinencia de estas intervenciones; por el contrario, sin estas garantías y requerimientos de base, ese estudio no es otra cosa que una reproducción e intento de validación de un sistema intervencionista, mecanicista y, por tanto, ejecutor directo de violencia obstétrica. Es imposible y poco ético determinar la verdadera necesidad de una intervención o dispositivo si antes, por acción u omisión del modelo de atención dominante, se ha alterado el proceso. Además, estos estudios deberían ser llevados a cabo por profesionales e investigadorxs que estén convencidxs de que en la gran mayoría de los casos las mujeres y los bebés están en condiciones de atravesar el trabajo de parto y el parto por sus propios medios, con total autonomía y libertad. Y, por supuesto, debe tratarse de estudios en los que las mujeres participen en calidad de protagonistas y no como meros objetos de análisis.

Por otra parte, en cuanto a la evidencia que declara que el actual modelo de atención dominante es cruel e invasivo y deja heridas a mujeres y bebés, es más que diciente que tengan que existir estudios científicos y académicos para validar aquello que nosotras llevamos décadas gritando. ¿No es suficiente nuestra voz?, ¿no alcanzan nuestras experiencias y nuestros relatos?, ¿no valen nuestras heridas sangrantes?, ¿estamos a merced de que otrxs se conmuevan y hablen por nosotras?, ¿es necesario que, por ejemplo, la Organización Mundial de la Salud tenga que declarar que es importante y beneficioso que las mujeres tengamos una experiencia *positiva* en nuestros partos, para que nuestros deseos y necesidades comiencen a ser contempladas?, ¿es necesario que existan estudios que digan que las mujeres debemos ser protagonistas de nuestros partos, para que aunque sea de manera acotada se nos considere sujetas de derecho? Solo una sociedad misógina y adultocéntrica tiene la necesidad de construir evidencia científica y generar recomendaciones que afirmen que las mujeres y lxs niñxs tenemos derecho a que se nos trate con respeto y dignidad.

La voz autorizada, el cuerpo mutilado

La *Obediencia debida* es el lugar que el sistema médico nos ha asignado a lxs usuarixs pero, ante todo, a las mujeres que recurrimos a él. El modelo de atención perinatal dominante está en crisis, cuestionado desde distintos ámbitos, cada día parece resquebrajarse un poco más. No obstante, las políticas en salud, las recomendaciones sobre aquello que debe hacerse o no, siguen siendo dictaminadas a espaldas de aquellxs que habremos de atravesarlo, lo cual no hace más que perpetuar la misma lógica que ha hecho posible el modelo de atención imperante: ellxs hacen y deciden, nosotras callamos y obedecemos. Todo, por supuesto, hecho *por nuestro bien*.

Los espacios de debate y, sobre todo, de decisión suelen estar liderados por "voces autorizadas", señorxs de la ciencia y la medicina, aquellxs que determinan qué, cómo y cuándo debe hacerse, aquellxs que "otorgan derechos" y que en el caso de la atención obstétrica determinan cómo habremos de vivir nuestros partos, qué debemos sentir y qué podemos esperar, mientras nosotras, cotidianamente violentadas, somos presas de los límites que las voces autorizadas nos otorgan. *Las mujeres son las protagonistas de sus partos*, esa es la frase que ha ido tomando cada vez más fuerza, aunque en general sigue sin ser más que un enunciado políticamente correcto. A efectos de las grandes decisiones, solo somos las depositarias de la sabiduría y las verdades que otrxs dictaminan. Las mujeres, esas que día a día parimos a la humanidad con heridas tan hondas que atraviesan generaciones, seguimos sin ser consideradas interlocutoras válidas y cuando somos invitadas a debatir no es en calidad de mujeres usuarias, sino en calidad de profesionales y expertas habilitadas por un título. Somos las que ponemos el cuerpo, las que hacemos carne la experiencia y aun así no tenemos voz en el asunto.

Por eso, cuando hablamos de violencia obstétrica, cuando hacemos cuestionamientos y buscamos realizar transformaciones radicales, aquello que debería ser un grito de todas no es más que un rumor que apenas se oye en la voz de quienes ostentan el título y el saber. Lxs profesionales o "expertxs" en el tema (desde el punto de vista del conocimiento) son consideradxs lxs únicxs interlocutorxs válidxs. Mientras, las mujeres solo podemos aplaudir, agradecer el respeto y permitir que hablen en nuestro nombre, interpretando el mismo papel una y otra vez, usando palabras de otrxs, frases de otrxs, estudios de otrxs para validar lo que nuestros cuerpos saben y gritan sin necesidad de que la ciencia lo verifique. Las mujeres, y la sociedad en general, seguimos esperando que lxs profesionales traduzcan con palabras rimbombantes y términos complejos aquello que nuestra experiencia dice sin dar vueltas. Y así seguimos dando tumbos en el mismo circuito, manteniendo el *statu quo*.

La gran mayoría de lxs profesionales de la medicina, incluso aquellxs que son respetuosxs y garantes de derechos en su práctica clínica, son corporativistas. Tempranamente en su formación y recorrido profesional aprenden a moverse y defenderse como un solo cuerpo. *Cae unx caemos todxs* pareciera ser el lema a la hora de cuestionar el modelo de atención y de poner en jaque los cimientos y las prácticas propias del sistema médico. Profesionales aparentemente muy críticos siguen sosteniendo, por ejemplo, que el modelo intervencionista ejecutor de violencia obstétrica bien puede coexistir con un modelo de atención garante de derechos que preserve el bienestar de la mujer y su hijx. Como profesional es muy simple pronunciar este tipo de frases políticamente correctas, que empatiza con lxs colegas y deja a todxs contentxs, pero como mujer, con el útero o el periné marcados de por vida, sería imposible hacerlo.

Las mujeres tenemos mucho que decir, mucho para compartir. Mientras, los profesionales pueden pasar días, meses o años hablando a favor y en contra del modelo de atención intervencionista, citando cifras y estadísticas, números fríos que en realidad son nuestros cuerpos descarnados sobre un papel. Las mujeres tenemos un testimonio mucho más radical y hondo: nuestros cuerpos. Nuestras vivencias hablan por sí solas y su valor es mucho más profundo, mucho más legítimo que cualquier palabra o informe autorizado. *En mi cuerpo mando yo*, no la ciencia, no lxs profesionales por más amorosxs y respetuosxs que sean. Mi cuerpo es mío y una mutilación o cualquier invasión e intervención innecesaria es inadmisible, haya o no profesionales expertxs que lo avalen. Pero mientras las mujeres sigamos sin estar presentes, sin ser parte nuclear de las decisiones y los debates, el discurso seguirá siendo tibio y con matices, centrado en la imposibilidad y las razones de lxs profesionales e instituciones y no en la violencia ejercida sobre nosotras y nuestrxs hijxs. El Parto Respetado se presenta como una opción más, algo que cada profesional puede elegir o no en función de sus creencias, opiniones y costumbres, porque el discurso todo lo aguanta, pero nuestros cuerpos y los de nuestrxs hijxs no aguantan un atropello más.

La violencia obstétrica se cobra víctimas todos los días, en todos los niveles de atención, y aun así seguimos sin dimensionar los estragos que diaria y sistemáticamente está haciendo. Patologización del embarazo y del parto; intervenciones y medicalización de rutina; maltrato verbal y físico; manipulación, terrorismo psicológico, falta de información completa, verdadera y suficiente; falta de insumos e instalaciones adecuadas; discriminación: todas manifestaciones de la violencia obstétrica, todas, juntas o por separado, presentes en casi la totalidad de los nacimientos. ¿De verdad podemos decir que se puede convivir y coexistir con este modelo?

El cambio cultural necesario para que se transforme verdaderamente el sistema de atención perinatal (en su totalidad y no dependiendo de la voluntad de profesionales y autoridades) es un camino largo que requiere de un trabajo profundo en distintos niveles. Obviamente el discurso por sí mismo no basta, pero el lenguaje crea realidades y mientras éste siga abriendo la posibilidad de la coexistencia e incluso la legitimidad de la violencia, solo seguiremos poniendo pañitos tibios allí donde sangra la herida, pero no evitándola. El recibimiento de la vida nueva no contempla matices, no se trata de ver si por ahí hoy me dan ganas de hacer las cosas como corresponde o mejor sigo con el libro viejo. La atención al parto, al momento sublime en el que una mujer se abre para dar paso a otro ser humano, no admite grises. El modelo de atención perinatal debe ser uno, únicamente aquel que respeta la fisiología y las decisiones tomadas por mujeres informadas y aquel profesional que no adhiera tendrá derecho a dejar de asistir partos, pero es inadmisible que continúen los atropellos y violaciones a mujeres y bebés solo porque somos condescendientes con profesionales e instituciones. Y esto comienza llamando a las cosas por su nombre, dejando de hablar de Parto Respetado como si fuera una opción entre otras, dejando de justificar la violencia obstétrica por la falta de condiciones laborales o por la formación que reciben lxs profesionales.

2. OBSTETRICIA Y PATRIARCADO

Violencia obstétrica, violencia machista

El 90% de las mujeres reconoce haber sufrido a lo largo de su vida por lo menos una situación de abuso o violencia machista en manos de sus compañeros estables u ocasionales, sin embargo solo el 1% de los varones que conocemos reconoce haber ejercido dicha violencia. Al mismo tiempo, el 90% de las mujeres asume haber sufrido violencia obstétrica mientras que solo el 1% de lxs profesionales reconocen haberla ejercido. ¿Qué cosa extraña, no? Todo parece indicar que la mayoría de las mujeres tenemos la enorme mala suerte de toparnos con la escasa minoría.

¿Qué tienen en común los varones y lxs profesionales de la medicina dentro de esta sociedad patriarcal? Privilegios, por portación de genitales o de ambo, que se traducen en una total impunidad y legitimidad para apropiarse de las mujeres y disciplinarnos, para mantenernos siempre en los límites de lo que la sociedad patriarcal espera de nosotras. Lxs profesionales de la medicina, independientemente de su género, representan al macho depredador en la ecuación de la violencia obstétrica; sus privilegios, como los de cualquier varón, significan opresión y violencia.

El amor romántico, ese que nos enseñan a anhelar desde pequeñas, el del cuento de hadas del príncipe que *salva y cuida* a la princesa, es uno de los pilares principales de la violencia machista. En contrapartida, la práctica de la obstetricia dominante, esa especialidad médica que se supone que surgió para garantizar nuestra salud y bienestar, es una especialidad misógina, invasiva y cruel que atenta contra la dignidad, la integridad y los derechos de las mujeres.

Tal y como estamos, el amor nos mata y la medicina nos lastima.

Las pruebas de la violencia

"La violencia obstétrica no existe" es la respuesta que solemos recibir seguida de exigencias tales como que mostremos a las muertas, que hagamos el recuento de cadáveres. Parece que si no hay muertas, y muchas, y con mucha sangre, no hay violencia, solo quejas sin fundamento, mujeres exagerando.

En lo que a las mujeres respecta, algunos consideran que un asunto es urgente, necesario o superfluo en función de cuántas de nosotras perdemos la vida; ese parece ser el único parámetro válido para que un tema sea puesto en agenda. Quieren ver sangre, nuestra sangre. Se dan el lujo de especular y evaluar cuántas de nosotras hemos dejamos la vida, la salud, la integridad, la dignidad, como si hablaran de figuritas coleccionables. Ante las innumerables heridas físicas, emocionales y psicológicas que la violencia obstétrica deja en nosotras, se atreven a hablar de mala suerte y azar, a considerarnos casos aislados, tildarnos de fundamentalistas y de caprichosas. Como buitres amarillistas se lanzan sobre nuestras heridas para diseccionarlas reeditando así la violencia de la que, entonces, volvemos a ser víctimas. El mensaje social es claro y aterrador: seremos escuchadas recién cuando seamos miles de millones de cadáveres en bolsas de basura, cuando nuestra ausencia en masa represente un problema para la perpetuidad de la maquinaria capitalista y patriarcal.

Pero la violencia obstétrica, esa que *no existe y que no es más un invento de las locas del parto respetado*, tiene nombre de mujer y la vagina y el útero llenos de cicatrices innecesarias, moretones en la panza, marcas de pinchazos en los brazos, síndrome de estrés post traumático y ecos de *no quiero, me duele, basta* que nunca fueron escuchados. La violencia obstétrica, esa que *nunca sucede* o que *solo consiste en excepciones, en casos aislados, en exageraciones tergiversadas*, tiene cuerpo de bebé recién llegadx al mundo, de bebé descubriendo el lenguaje de la violencia y el miedo. Esa violencia que *no es para tanto porque peor están lxs profesionales de la medicina* son las historias de millones de familias, es el miedo en el cuerpo, las frases y los recuerdos que no nos dejan en paz, la rabia y la impotencia mezcladas con el dolor más desgarrador.

Esa violencia que explota en la pregunta ¿de *qué te quejás si el/la bebé está sanx?* es la historia de la voluntad quebrada, es haber pasado horas sin siquiera saber si el/la bebé está bien, si eso que estamos atravesando es lo esperable. La violencia obstétrica, esa que *se inventaron algunxs solo para ensuciar el buen nombre y la ardua labor de lxs profesionales de la salud* es el relato de lo que debió haber sido una celebración convertida en un cuento de terror; es el encuentro y el recibimiento de la vida en un ámbito inhóspito, con una mujer violentada, un sostén inexistente, una familia excluida y un bebé separadx sin razón; es para siempre la culpa de no poder reír de felicidad al recordar el momento y, en cambio, sentir el amargo sabor que sube desde las entrañas, la puñalada en el centro del estómago; es tener que escindirnos, casi esquizofrénicamente, para llorar y duelar nuestro parto y así poder celebrar al fin el nacimiento de nuestrxs hijxs. Esa violencia de *nosotrxs sabemos lo que hacemos* son las acusaciones que nos acompañarán siempre por *no habernos portado bien*, porque *bien que antes nos gustó abrir la piernas*.

Ellxs piden que enumeremos a las muertas, que expongamos las heridas, que llevemos a juicio a las víctimas para demostrar su moral intachable; que juntemos sus lágrimas para ver si sufrieron lo suficiente. Pero el feminismo habla de la vida de mujeres reales, con identidad e historia, mujeres que aman, desean, sueñan y sufren a manos de la indolencia de una sociedad que solo sabe mirarlas para clasificar la violencia que sobre ellas se despliega. Nos duele cada una de ellas, cada una es una herida que sangra en todas nosotras, el fuego que quema el miedo y el silencio. Cuentan porque son nuestras hermanas, porque somos nosotras o podríamos serlo, y no por la cifra que miden las estadísticas. Nos importamos vivas y enteras, nos luchamos libres, deseantes y gozosas. Nuestra soberanía es aquí y ahora, nuestra libertad y el derecho a una vida sin violencia es aquí y ahora y no cuando engrosemos los obituarios.

Cultura de la violación en la sala de partos

La cultura de la violación presupone que somos las mujeres/víctimas quienes tenemos que *aprender* a cuidarnos y no lxs agresores quienes deberían dejar de agredir, lo cual básicamente nos responsabiliza frente a cualquier ataque que podamos llegar a sufrir. Sobre las mujeres recae siempre el *algo habrán hecho*, tenemos que responder por nuestros actos y además por los de nuestrxs victimarixs. Con frecuencia escuchamos unos determinados *tips* que deberíamos seguir para hacer las cosas bien y no ser merecedoras de ningún ataque (y las que no siguen la listita bien que se lo buscaron). Incluso las instituciones que supuestamente trabajan en la erradicación de este tipo de violencia difunden campañas que promueven un discurso en el que el foco siempre está puesto en lo que nosotras debemos hacer y en cómo debemos hacerlo para cuidarnos y evitar situaciones de violencia. Las campañas no solo no están dirigidas a lxs agresores, sino que en general ni siquiera incluyen a la sociedad que, ciega, sorda y muda, es cómplice de la violencia y los abusos.

En el campo de la violencia obstétrica todo parece indicar, también, que somos las mujeres quienes debemos armarnos de estrategias para evitar ser violentadas; en nuestros hombros vuelve a recaer la responsabilidad de erradicar la violencia de otrxs. Sobre nosotras recae la culpa, incluso, de no habernos informado lo suficiente, de no haber cambiado a tiempo de equipo obstétrico, de no haber informado a nuestrx compañerx para que nos defendiera, de no haber presentado un plan de parto, etc.

¿Por qué las mujeres deberíamos asumir que es muy posible que seamos violadas y que entonces es nuestro deber aprender a minimizar los riesgos?, ¿por qué debemos dar por hecho que van a violentarnos y a abusar de nosotras y por ende tenemos que estar permanentemente cuidándonos y protegiéndonos?, ¿por qué una vez que efectivamente sucede el hecho violento lo que nos toca es asumir que algo habremos hecho mal?

No importa en qué manifestación concreta de la violencia machista nos centremos, el hilo conductor es siempre el mismo, el lugar que esta sociedad nos ha destinado a las mujeres es el de objeto de consumo y receptor de violencia. Las mujeres sabemos que la violencia machista es una posibilidad tangible y concreta, la sociedad asume que es parte de nuestra mala suerte y mal comportamiento y, sin embargo, los varones y lxs profesionales médicxs no se sienten personalmente interpeladxs. El foco está siempre puesto en nosotras, en lo que hacemos o dejamos de hacer, en nuestras situaciones personales, en nuestras decisiones. Incluso las estadísticas refieren a nosotras: se habla de nuestras muertes, no de sus asesinatos; se habla de nuestras cesáreas innecesarias, no de su mala praxis; se habla de nuestras violaciones, no de sus agresiones sexuales; se habla de nuestro maltrato, no de su asistencia deshumanizada y cruel. Es imposible que lxs agresorxs se vean interpeladxs y sus crímenes señalados mientras el discurso social siga centrado en nuestros actos y no en sus responsabilidades. Nosotras cargamos con el miedo visceral a padecer violencias y con la culpa por haberlas provocado, mientras lxs violentxs poseen la calma de la legitimidad social.

Una cuestión de género

Durante siglos el nacimiento fue un territorio de mujeres: mujeres abriéndose a la vida, mujeres acompañando, sosteniendo la vivencia, prodigando cuidados y generando entornos de salud y bienestar. Para la cultura patriarcal, un espacio de mujeres en el que se reconozca su protagonismo y se jerarquicen sus saberes y capacidades significa un enorme grito de rebeldía, un espacio de resistencia a los embates de una sociedad misógina y machista. Evidentemente esto no podía seguir así. La irrupción del varón en la escena del parto supuso la pérdida de poder y protagonismo de las mujeres y trajo nuevas concepciones y resultados nocivos para la salud sexual y reproductiva de las mujeres y sus hijxs. La obstetricia, una de las especialidades médicas en las que el patriarcado se expresa con mayor contundencia, nació después de una virulenta campaña de desprestigio social contra las parteras, esas mujeres que, como todas, necesitan de la tutela del varón, del sistema médico hegemónico y del Estado.

Los hombres conquistaron y colonizaron, y así, en nombre de una falsa seguridad y un supuesto *status* social, los nacimientos pasaron de manos de las parteras, que entendían y acompañaban el proceso fisiológico y su complejo entramado emocional y vincular, a manos de varones que miraron con recelo un evento femenino, tan alejado de su vivencia y con tanta potencia sexual. Y sin más, tal vez movidos por el miedo, los prejuicios, la total ignorancia o la misoginia propia de este sistema, catalogaron de maquinaria fallada al cuerpo de las mujeres y de riesgoso e insano a un proceso natural y fisiológico. Así fue como el parto cambió de escenario, los nacimientos fueron trasladados a las instituciones hospitalarias que dentro del imaginario cultural son los templos de la ciencia y la seguridad y allí fue donde el varón se erigió como sumo sacerdote de la nueva religión. De este modo, la mujer pasó de estar en un territorio propio a no ser más que un número, una invitada a la que se le permite ingresar a cambio de obediencia y agradecimiento. El tránsito de la casa al hospital implicó la total pérdida de intimidad y consideración de las necesidades y expectativas de las mujeres, quienes quedaron subordinadas a la comodidad y a los dictámenes caprichosos de lxs médicxs. Llegó el varón y con él la patología y la enfermedad, y en poco tiempo las mujeres pasamos a ser consideradas culpables de poseer una biología suicida y caprichosa que, una vez más, como con aquella manzana, puede poner en riesgo a toda la humanidad.

La poderosa imagen de mujeres pariendo como símbolos de vida y fortaleza fue enterrada y olvidada y en su lugar apareció la imagen de una mujer postrada en una cama, angustiada, sufriendo, incapaz de atravesar la experiencia sin la intervención de otrxs. Para que el varón pudiera tomar posesión del terreno conquistado, la partera tuvo que desaparecer o subordinarse al nuevo orden; fueron denigradas e incluso perseguidas, las que opusieron resistencia fueron quemadas, excluidas, difamadas o forzadas a esconderse y negar su vocación. Como toda cacería de brujas fue ante todo un asunto político, una lucha por la acumulación del poder. Una vez más, el triunfo del médico (varón) frente a la partera (mujer) no se debió a los esfuerzos o méritos del primero, sino al sistema de privilegios con los que cuenta y al modelo que representa. La partera, además de ser mujer (lo que ya la ubica en un lugar de desventaja y subordinación) representaba una manera de entender y practicar la medicina como saber popular al servicio de la comunidad. Las parteras no solo se dedicaban a la salud reproductiva y sexual de las mujeres, eran en realidad sanadoras, mujeres sabias reconocidas como parte fundamental de sus comunidades. El médico, por su parte, representa un modelo elitista y excluyente, en el que el conocimiento y su accesibilidad son reservados para unxs cuantxs y su supremacía se basa, entre otras cosas, en la repartición desigual del poder que encarna el saber. La partera servía al pueblo, el médico responde a los intereses políticos, económicos y sociales de las clases dominantes; en sus manos la salud deja de ser un derecho de todxs para transformarse en el privilegio de algunxs.

Así surgió una nueva manera de entender y ejercer la partería, bajo el ala del patriarcado, a la sombra de los médicos, transformándola en la mano que materializa la tortura y despliega los mecanismos de dominación y control, una suerte de mano negra que transmite el mensaje profundo que el patriarcado busca grabar: *no pueden, no son aptas, la maternidad es sacrificio y dolor, su lugar es la obediencia*. Para seguir asistiendo y ser reconocidas como profesionales, las parteras tuvieron que firmar su subordinación al sistema médico hegemónico; esto hizo que una labor que tiene su origen más profundo en el privilegio de acompañar la vida nueva en su tránsito, de protegerla y cuidarla, que nació para ser sostén físico y emocional de cada mujer y su familia, se convirtiera en un espacio más para aleccionar y sentar las bases del modelo de madre que la sociedad patriarcal requiere. Cambiamos la figura de la mujer sabia y cálida por un burdo abuso de poder donde quien "cuida" se erige como juez/a y dueñx de la verdad y se arroga el derecho de decidir sobre el cuerpo y la vida de quien se supone que está siendo cuidadx.

Pero la verdadera esencia de la partería es servir a la mujer, no a la opresión sistemática del estado patriarcal ni a las corporaciones médicas y sus intereses económicos. Los profesionales pueden elegir, de hecho lo hacen nacimiento tras nacimiento; eligen una atención basada en abusos de poder, despersonalizada e invasiva que solo se centra en cuestiones clínicas y conciben el *cuidado* como un ejercicio vertical en el que el control y el poder lo ostentan ellxs, haciendo uso de los indiscutibles privilegios que les da vestir un ambo. La experiencia del parto y dentro de ella el acompañamiento profesional, tanto en su dimensión clínica como humana, deja una impronta imborrable en cada mujer, en su cuerpo, su sexualidad, su percepción de la maternidad, el vínculo con su hijx y, por supuesto, en la vida de cada bebé. En cada nacimiento que acompañan, lxs profesionales están tomando una decisión: pueden acallar y silenciar (*no te toques, no grites, portate bien*) o pueden favorecer la libertad, el poder y la conciencia. El parto es un rito de pasaje en el que se transmite un mensaje que perdurará más allá de ese momento. Subordinación o autonomía, solo hay dos opciones.

La patologización de la salud

El monopolio masculino implicó una división radical en el modo de entender y ejercer la medicina: conforme la ciencia y la tecnología fueron irguiéndose como pilares indiscutibles se escindieron los roles de quienes parecen tener la potestad y el aséptico saber de la ciencia y quienes deben ocuparse de las invisibles y desprestigiadas labores de cuidado: *detrás de todo gran hombre hay una gran mujer.*

El ingreso de las enfermeras a las instituciones permitió a los médicos disponer de mayor tiempo y espacio para dedicarse a lo que "realmente importa": diagnosticar, recetar e intervenir. Ellos (y sus genitales) se consolidaron una vez más como los representantes de la razón, el orden y la capacidad de liderar. Las mujeres, por su parte, quedaron (también una vez más) a cargo de cuidar y asistir las necesidades de lxs pacientes: nuestro lugar en la institución como una extensión de nuestro lugar en el orden social.

Esta distinción jerárquica no solo impactó en el lugar de subordinación de las mujeres como trabajadoras de la salud sino también en la manera de entender y practicar la medicina en su conjunto. Se instituyó un modelo despersonalizado e invasivo, guiado por el beneficio económico y ya no por la búsqueda de bienestar y promoción de la salud; se deshumanizó el vínculo entre profesionales y usuarixs: dejamos de ser personas para transformarnos en órganos y patologías, que *estamos bien* en tanto lo estén nuestros signos vitales y gocemos de un aparente buen estado físico, las heridas emocionales y psicológicas no cuentan. Los nacimientos no son la excepción a la nueva regla.

Cuerpos de mujer, territorio de varón

El cuerpo de las mujeres, nuestra salud y nuestros procesos sexuales y reproductivos, han sido por siglos territorio de conquista, un espacio de disputa y de batalla. Sobre nuestros cuerpos, y a través de ellos, se han desplegado sin piedad ni pausa todos los mecanismos represivos del patriarcado. La medicina, por su parte, se ha erigido como un gran conquistador en el histórico emprendimiento de colonizar nuestros cuerpos. No solo hemos tenido que renunciar al bienestar, en el camino perdimos también el goce y el placer. Condiciona la salud, arrebata el bienestar, controla el placer y habrás dominado.

La medicina, como el resto de la ciencia, toma como referencia al cuerpo del varón, con sus necesidades y procesos fisiológicos; es el ideal que representa la perfección biológica. El cuerpo de la mujer, en cambio, es una máquina fallada cuya imperfección sirve para alimentar la envidia e inferioridad que debemos a los varones e incluso nosotras mismas, en tanto la belleza femenina se traduce en cánones inalcanzables y la hermosura se presenta como condición de la felicidad. La moda, la sociedad y la medicina exigen un modelo de mujer que no existe y que solo puede ser fabricado por varones y en función de su propio placer y entretenimiento; nuestro cuerpo, nuestra vida y nuestra salud tienen sentido en tanto sirven para su consumo. Nuestros cuerpos están plagados de nombres masculinos, honran a los varones que descubrieron los órganos, glándulas y funciones, pero no a aquellas que los portamos y que debimos ser invadidas para que otros engrosaran su lista de éxitos.

La salud sexual y reproductiva de las mujeres es mirada con desconfianza desde el primer minuto y por eso se la patologiza desde la infancia. Todo aquello que no es *varón* está enfermo y es imperfecto, todo aquello que no se adapta a la experiencia masculina y a sus procesos fisiológicos es patológico y debe ser controlado. El mensaje que recibimos permanentemente es que nosotras nunca estamos en equilibrio y que nuestros procesos sexuales y reproductivos deben pasar desapercibidos y suceder dentro de los límites tolerables para la sensibilidad social, es decir, atenerse a aquello que el varón considera correcto. Menstruamos sangre roja pero aprendemos desde chicas a anhelar la sangre azul, como la de las publicidades de la tele, como la del príncipe al que se pretende que estemos esperando. La menstruación no es siquiera nombrada, está manchada de eufemismos y juegos de palabras, chistes y silencios que la asocian a un problema. Somos propensas a padecer trastornos piscológicos producto de nuestra fisiología rebelde (síndrome premenstrual, histeria, depresión posparto, embarazos psicológicos). Nuestros partos y embarazos deben suceder acorde a los criterios estipulados por la ciencia masculina, Obstetricia y Ginecología se constituyen como las ciencias que controlan y dominan los procesos sexuales y reproductivos de las mujeres a fuerza de quebrar su voluntad e intervenir y medicalizar sin ningún reparo.

La mujer envase, el pedazo de cuerpo

¿Cómo nos ve el sistema médico dominante y la sociedad mientras gestamos? Publicidades, campañas y tratados de obstetricia presentan siempre la misma imagen: una panza, un pedazo de cuerpo sin rostro, ni piernas, a lo sumo unas manos amorosas que protegen al/la bebé y unas tetas que habrán de alimentarlx. Una imagen que invisibiliza a las mujeres: somos una panza, un útero, un envase sin voluntad ni posibilidad de escape. Las imágenes no son inocentes y mucho menos inocuas, tienen un fuerte componente ideológico, operan sobre el imaginario cultural y tienen la eficiente tarea de normalizar.

Cuando vemos *la panza* en una foto y entendemos que en eso consiste la *totalidad* de una mujer que está gestando, estamos asumiendo que las mujeres embarazadas son envases, que en su representación se puede prescindir de sus deseos, necesidades y expectativas. Desde niñas nos enseñan a fantasear justamente con esa imagen de la panza en el vacío, con las manos amorosas que la contienen y que confirman que hemos cumplido con la misión que socialmente se nos ha asignado: ser madres, sin historia, sin cuerpo, sin voluntad, sin voz ni voto, pero madres al fin.

El poder moralizador del parto

El tiempo pasa, las modas se transforman, las creencias cambian, pero algo permanece inmóvil: las mujeres estamos siempre sujetas a condicionamientos e imposiciones. Cada vez que las mujeres logramos pensarnos más allá de los límites del patriarcado y logramos conquistar nuevos horizontes y construir nuevos discursos capaces de disputar poder, esta sociedad patriarcal tiene la habilidad de deglutirlos y devolvérnoslos en un formato que a simple vista parece similar pero que ha sido despojado de su sentido. Así, las mujeres quedamos nuevamente atrapadas entre lo correcto y lo incorrecto, lo que es bueno y lo que es malo, y el parto no ha quedado exento de este fenómeno; ha prevalecido siempre la idea de que existen maneras correctas e incorrectas de atravesarlo y una diferenciación punitiva entre las malas y las buenas paridoras, las que pueden enorgullecerse de sus partos y las que deben avergonzarse de ellos.

Por siglos el castigo divino proyectado en el parto nos ubicó a las mujeres en el lugar de tener que demostrar nuestra valía materna; soportar el dolor sin quejarnos, ni gritar, ni exponer luego el dolor que hemos padecido nos convertía en mujeres fuertes y en buenas madres. Las complicaciones en los partos eran consideradas algo que la mujer merecía por su mal comportamiento, como una reedición constante del juicio divino y el pecado original. El dolor era a la vez castigo y salvación: lo merecíamos pero, si lo atravesábamos estoicamente, le debíamos la redención.

Con los avances tecnológicos surgió un nuevo modelo del *buen parir*, ligado a la distinción social y al poder adquisitivo. El uso de instrumentos tecnológicos está asociado al capital económico y cultural, los procesos puramente fisiológicos quedan para las que no pueden acceder a ellos. La cesárea y la anestesia ganan popularidad y gozan de la efectividad del marketing; el acceso a la epidural nos libera de la desagradable sensación de percibirnos como animales primitivos y la cesárea nos permite planificar y programar el parto como si fuera uno más de los eventos de nuestra exigida agenda. Hay dos discursos que se contraponen pero ambos son funcionales a un mismo sistema. Por un lado, la idea de que es el sacrificio lo que certifica nuestra valía materna. Por otro, el discurso que presenta la tecnología como el agente liberador ante procesos arcaicos y superables.

Como respuesta a la escalada de medicalización e intervencionismo surge un movimiento que busca devolverle al parto su condición sana y fisiológica, y así se empieza a construir un nuevo relato social que reivindica los nacimientos que ocurren sin ningún tipo de intervención y que pondera la idea de un parto que nos conecte a las mujeres con nuestra naturaleza, obviando el hecho de que, ante todo, somos seres culturales. Palabras como *naturaleza, espiritualidad, mamífera, ancestral, sacralidad* se imponen como un nuevo modelo. Una vez más atendemos al retorno de nuestros discursos deglutidos y transformados en una lista de requisitos y prescripciones. Y así, las conquistas entorno a los derechos sexuales y reproductivos, la lucha por la libertad y la soberanía fueron reducidos al hecho de poder contar que parimos conectadas con nuestra naturaleza, siguiendo nuestro instinto y sintiéndonos mamíferas salvajes. Mejor aún si además podemos afirmar que tuvimos partos orgásmicos o que sentimos la presencia de todo nuestro linaje femenino y pudimos sanarlo.

Las mujeres siempre hemos parido en los términos que la sociedad patriarcal nos impuso. Los avances médicos pudieron habernos dado la tranquilidad de atravesar de forma saludable posibles complicaciones pero lo que obtuvimos fue un modelo cruel e invasivo que se refugia en la promesa de *seguridad*. Con la conquista de derechos en torno al Parto Respetado pudimos haber ganado protagonismo y soberanía, espacio para nuestro deseo, información para tomar decisiones; sin embargo quedamos atadas a un nuevo modelo en el que la fisiología se transforma en un valor en sí mismo, una nueva imposición. Un relato en torno a lo *bello* de los nacimientos que nos fuerza a elegir escenarios rodeados de velas, pétalos de flores, altares que demuestren nuestra reverencia al hecho sagrado de parir. Otra vez exigencias, otra vez imposiciones. Si dentro del modelo intervencionista debíamos asistir a un curso disciplinador de preparto para aprender a respirar y pujar ahora lo que necesitamos son cursos para tomar consciencia y conectarnos, sin los cuales no estaremos emocionalmente preparadas para parir, un discurso esquizofrénico que por un lado nos dice que estamos diseñadas para parir, que es nuestra sabiduría innata pero al mismo tiempo nos remarca que sin la guía de "lxs que saben" no lo podremos hacer. Una vez más quedamos supeditadas a los criterios y calificaciones de otrxs. El protagonismo, otra vez, lo tienen lxs profesionales de la medicina y las mujeres solo recreamos nuestra invisibilidad.

Una especialidad ignorante y criminal

Es indiscutible que hubo avances importantes en cuanto a la complejidad de los estudios y las intervenciones que pueden realizarse ante situaciones de emergencia; contamos con fármacos, antibióticos, anestesia y analgesia que representan un incremento en la expectativa y calidad de vida cuando se presentan complicaciones en el parto o la gestación. Sin embargo, el modelo obstétrico hegemónico sabe poco y nada sobre el proceso fisiológico del parto, no tiene más que una visión mecánica del asunto porque desde su concepción más arraigada niega la posibilidad de que los organismos de las mujeres y lxs bebés estén en condiciones de realizar estos procesos de forma autónoma. Si somos una maquinaria fallada e incompleta y además nuestra naturaleza emocional tiende a hacernos dependientes y frágiles, ¿cómo podríamos entonces atravesar estos procesos por nuestros propios medios?, ¿no sería casi un asesinato permitirnos atravesar los nacimientos sin ser "ayudadas"?

Solo en el marco de una cultura patriarcal y misógina puede existir una especialidad médica centrada en los procesos sexuales y reproductivos de las mujeres, una especialidad pensada por varones que asumieron desde siempre que el embarazo y el parto son hechos patológicos básicamente porque la biología insana de la mujer (para la que el cuerpo científicamente ideal del varón no ofrece referentes) no podría generar otra cosa. Sobre la premisa de que las mujeres somos inferiores física y mentalmente asumieron la potestad de determinar qué era lo mejor para nosotras, construyeron sus prácticas y sus postulados dando prioridad a la comodidad y necesidad de lxs profesionales de la salud en detrimento de nuestra salud y bienestar; puede sonar perverso pero es solo un ejemplo más de varones socializados según los parámetros esperables de una sociedad patriarcal y haciendo un uso *normal* de los privilegios que les pertenecen.

Y así llegamos hasta la obstetricia dominante que hoy conocemos, una especialidad que solo asiste y concibe nacimientos en los que mujeres y bebés somos forzadxs química, emocional y físicamente; una práctica en la que lxs profesionales son indispensables y la figura emblemática ¿si no quién le diría a la mujer lo que tiene que hacer?, ¿quién portaría las tijeras o el bisturí para agrandar o inventar los agujeros?, ¿quién administraría las drogas?, ¿quién, en definitiva, *haría nacer* a lxs bebés?

De la mano de la idea de *hacer partos* está la de "manejo activo del parto", que no es otra cosa que la legitimación de los trabajos de parto inducidos y conducidos médicamente; en estos casos quienes desempeñan el rol activo efectivamente son lxs profesionales. Tal como se viven actualmente la mayoría de los nacimientos es real que son lxs profesionales obstétricxs quienes *hacen* los partos, pero que esto se haya normalizado no quiere decir que se trate de un manejo ético, que tenga fundamento científico ni que garantice derechos.

Cuando un/a profesional dice "yo hago partos" evidencia el paradigma de atención que rige su práctica y la concepción que tiene de su propia presencia dentro del proceso: una figura imprescindible sin la cual los nacimientos no podrían suceder.

Aparentemente somos las únicas hembras mamíferas incapaces de parir por nuestros propios medios a las crías de nuestra especie y aun así hemos superpoblado la tierra. Qué afortunadas somos que la naturaleza, para compensar nuestra ineptitud biológica, creó la obstetricia. Frente a esta ignorancia de base cabe preguntarnos, ¿cuántas de las complicaciones asociadas hoy en día al proceso "normal" del embarazo y nacimiento son en realidad producto del modelo de atención dominante y claros hechos de iatrogenia? Bajo los preceptos y prácticas clínicas que hoy sostienen a la obstetricia, es imposible determinar cuánto hace realmente la medicina por nuestro bienestar y de cuántas situaciones peligrosas nos salva ya que al desconocer completamente la fisiología y la dinámica autónoma de los nacimientos e intervenirlos de manera rutinaria crea las situaciones de emergencia y complicación que luego habrá de resolver. Lo paradójico es que son justamente estas situaciones de emergencia y su consiguiente resolución las que fortalecen y legitiman el modelo dominante.

Existe una creencia social generalizada según la cual la manera actual de entender y desarrollar la atención perinatal tiene como único objetivo salvarnos a las mujeres de nuestra biología suicida y de una atención basada en la superchería. "Por tu propio bien" podría llamarse esta especialidad médica en lugar de Obstetricia. Sin embargo, no es difícil darse cuenta de que para una cultura patriarcal, misoginia y adultocéntrica ese *por tu propio bien* no hace referencia alguna al verdadero bienestar y salud integral de mujeres y niñxs sino a un estado de sumisión y subordinación, un modelo de atención que intenta (sin éxito ni empeño) realizar el menor daño posible, pero que asume el daño, el dolor y el sacrificio de la mujer y de sus hijxs como elementos inherentes a la práctica obstétrica. "Parirás con dolor", ni más ni menos, una decisión política y social.

La obstetricia que padecemos hoy en día no solo vulnera y violenta a mujeres y bebés de infinitas maneras con total impunidad y sistemáticamente, sino que está asentada sobre los crímenes de millones de mujeres que nos precedieron. Crímenes que aceptamos porque asumimos que fueron cometidos por un *bien mayor*, para nuestro beneficio y bienestar. Pero el principal objetivo de la práctica obstétrica actual es demostrar el triunfo del patriarcado sobre la fisiología caprichosa de las mujeres, reafirmar el poder y el lugar heroico de lxs profesionales de la medicina. El fin justifica los medios.

La obstetricia y ginecología dominantes son especialidades con nombre y cuerpo de macho patriarcal, no importa que la práctica clínica actual la desarrollen más mujeres que varones.

Semmelweis y la fiebre puerperal

El ingreso de los nacimientos a las instituciones de salud trajo aparejado un mal desconocido que se cobró la vida de miles de mujeres: una enfermedad que provocaba una muerte lenta y dolorosa de la que se sabía muy poco. La llamaron Fiebre Puerperal y le atribuyeron todo tipo de causas: el miedo de las mujeres, su sensibilidad, el hecho de que estuvieran o no casadas, algún halo extraño del médico tratante, etc.

En 1840 en Viena, cuna de la medicina del momento, por decreto Imperial se dividió la maternidad del hospital principal. La Clínica 1 estaba atendida por médicos y residentes y la Clínica 2 por parteras y aprendices. El médico Ignaz Semmelweis llegó a trabajar en la Clínica 1 y fue el único que se preocupó ante un hecho alarmante: en la Clínica 1 se registraba entre un 10% y un 20% de mortalidad causada por fiebre puerperal mientras que en la Clínica 2 los casos rondaban el 2%. Estas cifras no eran ningún secreto, por el contrario, eran de público conocimiento. De hecho las mujeres que eran asignadas a la Clínica 1 retrasaban lo más posible su ingreso (cualquier parecido con la realidad actual es pura coincidencia) e incluso terminaban pariendo en la vía pública y, casualmente, la extraña enfermedad no se producía en ellas.

Para Semmelweis la fiebre puerperal se convirtió en un reto personal y durante años estuvo intentando descubrir sus causas y manejando hipótesis sin éxito hasta que, gracias a un accidente, pudo finalmente llegar al origen. Uno médico de la Clínica 1 sufrió un corte con un bisturí que se usaba tanto para cadáveres como para mujeres en trabajo de parto y falleció días después luego de haber padecido los mismos síntomas que las mujeres víctimas de fiebre puerperal; lo que dejó en evidencia que no se trataba de un problema de las mujeres ni relacionado con los procesos del parto y posparto, sino con aquello que transportaba el material con el que trabajaban. Semmelweis llegó a la conclusión de que los cadáveres tenían algún tipo de sustancia venenosa que era traspasada a las mujeres mediante las manos de los médicos y su instrumental, lo que explicaba la enorme diferencia con respecto a la Clínica 2, atendida por parteras que no realizaban prácticas ni investigaciones con cadáveres.

Para probar su teoría instaló un lavabo en la entrada del ala de maternidad para que médicos y estudiantes se lavaran las manos con una solución con cloro antes y después de entrar en contacto con las mujeres. Este simple hecho bajó en un año la mortalidad de la Clínica 1 al nivel de la Clínica 2. Sin embargo, ni su teoría, ni la evidencia ni los resultados que había acumulado fueron tomados en cuenta; recibió desprecio y acusaciones varias; a la comunidad médica no le agradó la insinuación de que sus manos estuvieran sucias, lo sintieron como un atentado contra su poder y *estatus* social. De más está decir que Semmelweis, quien actualmente es reconocido como el padre de la asepsia y el control de las infecciones, murió solo y despreciado.

La historia de la medicina tiene en su haber capítulos tan oscuros como perversos, y la obstetricia y la ginecología protagonizan varios de ellos. Lo más interesante de esta historia no es tanto el descubrimiento de Semmelweis sino la confirmación de lo poco que vale la vida y el bienestar de las mujeres para la medicina dominante. Los nacimientos se trasladaron a las instituciones médicas de manera arbitraria y sin ninguna evidencia de que eso fuera realmente conveniente; ese tránsito trajo consigo una enfermedad mortal que se desconocía hasta entonces y ni siquiera así existió la más mínima pregunta por la seguridad real que la institución podía brindar, continuaron adelante con el discurso del miedo y el *status* social, ¿quién en su sano juicio podría querer parir en su infecta casa en lugar de en el templo de la ciencia y la modernidad, aunque en ello pudiera dejarse la vida?

La atención en manos de parteras demostraba ser más idónea e incluso favorecer que las mujeres y sus hijxs salieran vivxs del parto y posparto, y sin embargo tampoco se planteó el retorno a la atención de las parteras. Estaban ante un hecho indiscutible: las instituciones médicas y la atención de obstetras, por razones que desconocían, aumentaban la morbimortalidad materna pero no importó, siguieron adelante manteniendo el mismo discurso. Semmelweis representa la buena voluntad personal que buscó generar cambios y mejoras pero moviéndose siempre dentro de los límites que el sistema ha creado: los nacimientos solo son posibles y seguros en las instituciones médicas y bajo la tutela de lxs médicxs.

¿Por qué para una especialidad creada para el bienestar de las mujeres y sus hijxs importó tan poco la muerte lenta y dolorosa de miles de ellxs? ¿Por qué a la comunidad médica esto no le generó ninguna inquietud? El verdadero objetivo del ingreso de los nacimientos a las instituciones médicas y de la atención en manos de obstetras no fue garantizar el bienestar materno-neonatal sino ejercer el controlar y acumular el poder.

Hunter y Smellie, la anatomía del horror

Considerados unos de los padres de la obstetricia, William Hunter y William Smellie, médicos del siglo XVIII, pasaron a la historia por sus dibujos anatómicos de enorme perfección y detalle gracias a los cuales se sentaron las bases de esta especialidad. Lograron captar por primera vez y con la precisión propia de una foto momentos específicos del desarrollo de la gestación y del parto, la anatomía del útero y el bebé e incluso tomas de *fórceps*.

En la época en la que vivieron y desarrollaron su trabajo, la investigación y disección de cadáveres era moneda corriente, pero conseguir el perfil de lo que ellos dibujaron en sus Atlas Anatómicos no era tarea sencilla. El mismo Hunter reconoce en la que fue su obra maestra que diseccionar úteros de mujeres embarazadas a punto de dar a luz era casi una cuestión de suerte, una posibilidad con la que un anatomista podía encontrarse una o dos veces en su vida. Sin embargo, se calcula que para sus libros se *usaron* entre 30 y 40 mujeres distintas, lo que dio pie a la investigación *El traje nuevo del Emperador*, de Don Shelton. Este historiador neozelandés afirma que estos médicos fueron en realidad responsables del asesinato de esas mujeres, ya sea por haber ordenado y financiado sus crímenes o por haber obviado cuestiones importantes sobre la procedencia de los cadáveres cuando los adquirieron. Lo cierto es que durante los años que duró su trabajo se reportó en Londres, ciudad en la que vivían, una oleada de asesinatos de mujeres cercanas al parto e incluso se endurecieron las penas para estos crímenes en particular.

Por supuesto, la comunidad médica y científica niega absolutamente la más mínima posibilidad de que los "Padres de la Obstetricia" hayan podido tener alguna conducta poco ética y simplemente desechan la teoría de Don Shelton, argumentando falta de pruebas concluyentes. Lo interesante es que ante la sospecha de que existieran prácticas y conductas que hayan desencadenado la muerte de mujeres no exista desde la comunidad médica la más mínima intención de generar interrogantes, ¿qué significa la vida de ellas frente al avance de la ciencia y el honor de los profesionales?

Sims y la esclavitud por el bien mayor

Aquí tenemos a otro Padre, esta vez al de la Ginecología, el doctor James Marion Sims que pasó a la historia por sus aportes a la medicina moderna y en especial por la cirugía para reparar las fístulas vésico-vaginal, la cual sentó las bases para la cirugía vaginal actual, la invención del espéculo y las investigaciones y tratamientos sobre infertilidad. La comunidad médica lo considera un héroe por haber librado a las mujeres afectadas por fístula de una vida miserable. Sus aportes a la ginecología son indiscutibles y si nos atenemos al discurso del *bien mayor* no habría nada que objetarle.

Sin embargo, Sims llegó a estos descubrimientos mediante la realización de reiteradas operaciones (entre los años 1845 y 1849) sin anestesia a mujeres esclavas afrodescendientes, solo administraba opiáceos para la recuperación. Se presume, por supuesto, que no obtuvo el consentimiento de estas mujeres ya que bastaba con el de sus dueños, quienes posiblemente las entregaron de buena gana para que fueran "reparadas". Anarcha, Lucy y Betsy son los únicos nombres que llegaron hasta nosotrxs, aunque se calcula que fueron al menos 14 las mujeres sobre las que experimentó. Anarcha, entregada a los 17 años, fue la más "resistente" y padeció más de 30 operaciones hasta que, cuenta la historia extraoficial, ella misma encontró la solución usando sutura de plata. El Dr. Sims consideraba que las operaciones no eran lo suficientemente dolorosas para requerir el uso de anestésicos, aunque él mismo reporta en sus apuntes de trabajo que las mujeres referían dolores inmensos y que se las veía transitar una agonía. Cuando finalmente obtuvo éxito, trasladó sus procedimientos a una clínica privada para mujeres blancas en quienes, por supuesto, sí utilizó anestesia.

La historia oficial de la medicina ha intentado revestir al Dr. Sims de un aura de hombre caritativo, preocupado por el dolor y la miseria que padecían las mujeres en general y aquellas con las que experimentaba en particular. Incluso se aduce que esas 14 mujeres esclavas que padecían fístula eran tan *inservibles* para su época que podrían haber tenido un destino mucho peor.

Sims es un clásico representante de su época histórica y en sus procedimientos se conjugan en partes iguales racismo y misoginia. Lo preocupante, una vez más, es que ante estos hechos la comunidad científica decida cerrar filas, proteger el honor y el *status* del médico y abandonar nuevamente a las mujeres a su suerte.

¿Por qué confiaríamos en que una comunidad médica que no está dispuesta a revisar sus orígenes no sigue perpetuando las mismas lógicas que desmiente?

3. LA MADRE AL SERVICIO DEL PATRIARCADO

Los cimientos sobre los que nos erigimos

Dicen que nos gestamos humanos alrededor del fuego, al calor de las historias y leyendas que noche tras noche fuimos tejiendo y escuchando, arrullados por esos primeros sonidos que luego dieron lugar al lenguaje complejo que nos hace quienes somos, quienes queremos ser. Somos los mitos que nos sostienen y nutren. Somos el sentido del que fuimos llenando a las palabras.

Ser madre, ser hijx y sostener ese vínculo tal como el patriarcado considera *normal* constituyen un paradigma cultural que se sostiene y alimenta de los mitos que transmitimos de generación en generación. Crecemos bajo la sombra del Complejo de Edipo, atentxs a los riesgos de enamorarse de la propia madre y temiendo la ceguera autoimpuesta que simboliza el correspondiente castigo. Como cuenta la leyenda, Edipo decide sacarse los ojos y perder la vista antes que animarse a ver la verdadera herida por la que se le va la vida: el crimen que su madre/amada ha perpetrado, que no es enamorarse de él como mujer sino *no* haberlo hecho antes como madre. Yocasta tiene en sus manos el futuro de toda una especie, la gran disyuntiva a la que generación tras generación nos enfrentamos las madres: entregar a nuestrxs hijxs a la voluntad del padre-patriarcado o amarlos entrañablemente, salvarlos de la muerte y ganarlos para la vida, el placer y la paz. Yocasta, digna hija del patriarcado, elige la muerte de su criatura para salvar al padre, al hombre que la posee y pone así en marcha siglos de dominación, sumisión y guerras fratricidas.

Pero hay un hecho maravilloso escondido en los párrafos de este relato, un dato en el que reside la gran verdad de esta historia y que amenaza al patriarcado desde las profundidades de su narrativa: un hijx nace diseñado para enamorar y enamorarse de su madre, es en el calor de ese deseo que garantiza su supervivencia y la madre, la que respira y sobrevive a la imposición de la madre frígida, está también diseñada para responder a ese amor que es todo placer y deseo de fusión, para convertirse en regazo, nutrición constante, cuidados y dulzura. Pasan los años, se impone la distancia y aun así Yocasta y Edipo se encuentran y se enamoran entrañable y perdidamente. Un amor prohibido, a ojos de esta sociedad, que no entiende de razones, conveniencias ni distancias; un amor profundo que existe porque ellxs son madre y criatura.

Nos han impuesto a la virgen como modelo de madre; la gran madre, la abnegada, la sacrificada que ama con el corazón y la cabeza; tan pura y bondadosa, tan majestuosa y valiente que acepta sin resistencia el *destino* de su hijo. La virgen María no es más que el frígido emblema de la madre patriarcal: una mujer obligada a la maternidad por orden divino que gestó sin la vivencia del deseo y el placer. Su cuerpo es siempre posesión de otrxs que toman decisiones; ella pierde la calidad de sujeta y pasa a ser el receptáculo de la vida que otrxs han elegido, su cuerpo está al servicio del patriarcado, de la procreación como mandato. Pero la moraleja se pone aun mejor: una madre que entrega a su hijo al sacrificio impuesto por el Padre, un sacrificio caprichoso, cruel y sumamente violento, pero al que ella cede estoicamente. Consciente de su lugar se limita a postrarse a los pies de la cruz a llorar su destino, sin preguntas ni cuestionamientos: es la voluntad del padre y la entrega de la madre. Fin.

Con ellas muere la maternidad deseada y deseante, la que palpita en el útero y solo sabe de placer y bienestar, la que se pone del lado de la criatura y no se conforma con que otrxs le digan que "es por tu propio bien". Yocasta y María son los pilares de un sistema cruel y fratricida, de toda una civilización construida sobre el crimen y la entrega de la madre: primero el que se comete sobre ella con el rigor de la violencia misógina y luego el que ella cometerá con sus crías. El patriarcado tiene la rara y compleja característica de ser perpetuado por aquellas a quienes más reprime y mutila.

Edipo y Jesús, por su parte, son las crías entregadas por sus madres a la voluntad del padre para que éste reine y viva: dos hijos que nos representan a todxs, dos víctimas del patriarcado que mansamente aceptan su destino y el sacrificio que de ellos espera la supremacía del padre (y que la madre consiente).

Por supuesto que esto no tiene que ver con la fe que cada unx profese, son los relatos que nos constituyen como sociedad, los que dan cuenta de nuestras creencias, paradigmas y mandatos. Estos son los modelos de madre y criatura que nos han grabado a sangre y fuego. Pero el útero grita lo que la razón calla y con cada nuevo nacimiento, con cada mujer que deviene madre y cada criatura que respira por primera vez obtenemos la oportunidad de cambiar la historia. Violentar el nacimiento, destruir ese vínculo entrañable y quebrar la voluntad de las mujeres en sus partos es una de las maneras que tiene el patriarcado de asegurar su supervivencia.

Parir hijxs para la guerra

La maternidad cumple la función social de preservar el *statu quo*. De las madres se espera que socialicemos a lxs niñxs con los principios y dogmas de nuestra cultura y que lxs adiestremos según sus mandatos. Educar a lxs ciudadanxs del futuro es nuestra labor; gestar, parir y criar hijxs para la guerra y la dominación es nuestra misión y para cumplirla debemos antes haber sido nosotras expuestas a la violencia y la mutilación.

La cría humana nace inmadura y para su supervivencia depende del amparo externo; busca el olor y el calor de la madre en la que se ha gestado, el sonido de su voz y la leche que habrá de alimentarlo. Cuando nace es puro instinto, no hay cultura ni razonamiento que pueda explicarle una realidad alejada de sus necesidades y expectativas fisiológicas, lo único que posee es la capacidad de adaptarse a las carencias para poder sobrevivir con los cuidados básicos garantizados aunque sea en un ambiente emocionalmente hostil.

Para que podamos responder a sus necesidades con el nivel de disponibilidad que requiere una criatura recién nacida, la naturaleza ha desarrollado un complejo entramado hormonal que garantiza el enamoramiento de la madre hacia su hijx, que hará que lx reconozca como suyx y busque protegerlx y ampararlx. La cría humana nace con la capacidad de enamorar y enamorarse de su madre y a través de ese mecanismo asegura su supervivencia. Esta compleja transformación hormonal no se pone en marcha de la nada ni puede ser impuesta; comienza con el proceso fisiológico del nacimiento y continua luego con el contacto cotidiano y la lactancia, momento en el que se dan los picos hormonales que configuran el cerebro de la mujer para entender y satisfacer las necesidades de su cría.

Cuando las hembras de otras especies paren en cautiverio o se les practican cesáreas, cuando además son separadas inmediatamente de sus crías, pierden enseguida la capacidad de reconocerlas como propias y por ende no habrán de cuidarlas; lxs cachorrxs quedan abandonadxs a su suerte. En el mundo animal no hay matices, la cría simplemente fallece y ninguna cría es tan indefensa ni nace tan inmadura como la humana.

Pero en ese espacio vacío donde el proceso químico y hormonal se ha truncado o no ha sucedido con la suficiente contundencia, la cultura se infiltra y marca el camino. Generar ese vacío es parte de la tarea que hoy realiza el modelo perinatal dominante y entonces las mujeres recurrimos a la mirada externa y a la cultura que hemos introyectado porque no nos consideramos aptas para relacionarnos con esx bebé que ahora descansa en nuestro regazo.

A fuerza de abusos y opresión las mujeres aprendimos que a lxs bebés hay que cuidarlxs lo suficiente para que sobrevivan (después de todo son un producto preciado, la nueva mano de obra) pero no tanto para que se malcríen, así traduce esta sociedad el amparo propio de la disponibilidad y nutrición emocional materna.

Interrumpir el proceso fisiológico, intervenir nuestros cuerpos con crueldad y desprecio, cortar el caudal de hormonas y robar toda posibilidad de intimidad, disfrute y sostén emocional son todos ejercicios funcionales que entrenan a las mujeres en lo que la sociedad espera y necesita de ellas como madres. El parto es un rito de pasaje, un evento en el que se transmite y preserva el modelo de mujer-madre.

De la inmaculada concepción al inmaculado parto

Primero nos robaron la concepción como acto placentero y poderoso y nos impusieron la maternidad como designio divino; una concepción sin libido, deseo, gemidos, ni éxtasis, un acto en el que solo somos la vasija en la que se deposita el sagrado semen masculino. La transformaron en una fecundación aséptica e inmaculada que no pusiera en juego nuestra sexualidad, nuestro goce ni nuestra voluntad. El patriarcado busca doblegar nuestra fisiología y destruir toda expresión de nuestra sexualidad que no esté en función del disfrute y el consumo del macho.

El castigo por nuestros pecados y nuestra naturaleza insana fue *parir con dolor*, castigo por nuestra condición de género, por mujeres, por putas. Estamos destinadas a que nuestros cuerpos sean carne que se puede invadir y maltratar. La maternidad exige y requiere sacrificio, estar embarazada es una prueba irrefutable de nuestros pecados. Solo las buenas madres lo aceptan y pagan sus culpas con sangre, dolor y lágrimas.

Apareció el hospital y la medicina machista y con ello quedó enterrada toda posibilidad de despliegue sexual; el parto perdió su carácter fisiológico e íntimo y se transformó en un evento quirúrgico y mecánico. El escenario del parto perdió el calor del hogar y pasó a un territorio aséptico y pulcro donde no hay lugar para la emoción; no entran los fluidos, los gemidos, la sangre ni los jadeos, no entra la mierda ni la intensidad, las lágrimas ni la sonrisa. Rápidamente se instauró una imagen de parto milimétricamente calculado: cuanto más rápido, limpio y controlado sea el proceso más perfecto se lo considera. Un parto "ideal" es aquel que casi no roza la emoción ni pone en juego nuestra sexualidad, un trámite del que, como sucede de nuestro ombligo para abajo, es mejor no nombrar mucho. Mientras más desconectadas e ignorantes estemos las mujeres de todo aquello que sucede en esa zona de nuestro cuerpo, mejor consideración se tendrá de nosotras.

Concebir, gestar y parir en cautiverio, inmaculadas y sin potencia sexual, nos adiestra y nos hace propensas a criar ciudadanxs funcionales al sistema patriarcal. Así, maternar solo puede ser un sacrificado designio de género y nunca un hecho deseado y gozoso que nos conecte con la libertad, el poder y la propia fuerza. Pero cuando las mujeres protagonizamos nuestros partos y parimos en libertad, cuando nuestros tiempos fisiológicos se respetan y nuestros deseos y necesidades sí son escuchados, el parto despliega toda su potencia sexual y ahí estamos nosotras henchidas de poder, nadando en un mar de oxitocina, sudorosas, turgentes, abriéndonos a la vida y habitando un espacio por el que nadie puede seguirnos, donde nos encontramos con una mujer que ni siquiera nosotras terminamos de reconocer, donde reina la fuerza de nuestros músculos y la potencia de nuestra voz. El parto es poder, placer y gozo, aunque haya dolor, es un evento en el que el varón no tiene ninguna participación y no puede adueñarse de nuestras emociones y sensaciones, nuestros genitales se ponen en juego, se abren, se dilatan, sentimos la necesidad de tocarnos, palparnos, reconocernos; jadeamos, gritamos, gemimos, nos movemos al ritmo de una danza interna y ancestral, tenemos total conciencia de nuestro cuerpo y nuestros fluidos, somos puro instinto y fuerza. ¿Cuántos señores vestidos con la impunidad del ambo pueden presenciar tal intensidad sin sentir que sus cimientos se quiebran y sus privilegios se resquebrajan? ¿Cuántos están dispuestos a propiciar un entorno que favorezca semejante despliegue de poder?

De abejas y flores

De niñxs todxs escuchamos más o menos la misma historia: papá y mamá se quieren mucho, se besan, se acarician y papá introduce en mamá la semillita que ella habrá de cuidar y que después de 9 meses se transforma en el/la amadx bebé. Mamá es solo un terreno fértil circunstancial, podría ser otra, lo que importa es la semillita de papá. Este es no más de todos los relatos y conceptos que iremos escuchando e interiorizando a lo largo de nuestra vida: él la penetra, él eyacula, él embiste; ella, bueno, ella es un agujero complaciente, ella se tiende, recibe y sonríe. Nos bombardean con imágenes de penes erectos, fuertes, ávidos de vida y vulvas quietas, pasivas, abiertas y disponibles.

Mucho escuchamos también sobre la fuerza, velocidad y resistencia del espermatozoide, héroes competitivos y vigorosos que se juegan la vida para garantizar la reproducción de la especie, mientras el óvulo, que ni siquiera merece un nombre femenino, espera pasivo y dócil a que un espermatozoide lo elija e irrumpa con violencia en su interior.

La victoria y el poder son del espermatozoide, que fecunda y conquista al óvulo que está ahí envejeciendo, muriendo a cada segundo mientras espera que un espermatozoide le dé sentido a su existencia. Sin él se verá destinado a la maldición de la menstruación: el fracaso de ser mujer y no madre.

Nos explican la fecundación en clave de cuento de hadas, con el espermatozoide como el caballero andante, fuerte, valiente, veloz, arriesgado, que emprende el viaje heroico para rescatar a la débil y frágil princesa, que lo espera sumisa y obediente, feliz de ser elegida. Un cuento en el que las mujeres somos a la vez fuerza demoníaca y doncella en apuros, nuestra anatomía representa también al dragón enfurecido, a los miles de peligros impuestos por la maldad más maligna: muchos espermatozoides mueren en la vagina de la mujer, otros se pierden en los laberintos del cuerpo, repleto de caminos sin salida, trampas y peligros, otros serán destrozados por los glóbulos blancos que acechan ávidos de muerte. Una vez más la fisiología de la mujer se presenta como peligrosa y malévola, una maquinaria fallada que atenta contra la vida mientras el cuerpo perfecto del varón da batalla por la supervivencia. Y así, solo algunos espermatozoides, los más fuertes vencedores, llegan agotados con su vida pendiendo de un hilo a dar la última batalla y poder penetrar el óvulo, y mientras hacen el último sacrificio pierden su cola. Y colorín colorado, así es como ha terminado un clásico cuento romántico plagado de estereotipos machistas y misóginos.

Aunque la fecundación sucede dentro de nuestro cuerpo la narración se centra en el papel del varón. No sabemos casi nada del viaje del óvulo antes y después de la fecundación, no hay odisea ni relato heroico, no hay un relato ante el cual conmoverse ni aplaudir al final; no hay adjetivos grandilocuentes ni descripciones motivadoras porque, como toda escena que remite al papel de las mujeres, no hacemos más que lo que es nuestro deber.

Aprendemos y transmitimos un proceso reproductivo en el que los hombres hacen y logran, mientras las mujeres consentimos y permitimos. Por eso es suyo el placer, la elección, el fruto y el triunfo. El discurso de la ciencia patriarcal nunca es inocente ni carente de consecuencias, si nuestro rol natural y biológico no es más que acatar pasivamente y agradecer la elección del espermatozoide (por ende del varón) ¿por qué habríamos de tener derecho a decidir si queremos continuar con el proceso o de qué manera deseamos llevarlo adelante?

Adjudicarle a la fecundación rasgos del amor romántico, sus roles y estereotipos de género, no tiene una función pedagógica ni facilitadora del aprendizaje, solo se trata de un mecanismo que naturaliza y legitima las desigualdades entre hombres y mujeres y la opresión que padecemos las mujeres por nuestra condición de sexo.

La buena madre

Pariremos con dolor, nos quedó claro. Pero ni el Dios vengador y sangriento del antiguo testamento pudo haber imaginado un panorama tan desolador. Nosotras, sin embargo, seguimos impecables, portándonos bien y obedeciendo. Y si osamos salirnos del molde siempre habrá alguien cerca para recordarnos lo que de nosotras se espera, el modelo de madre abnegada y sacrificada que debemos perpetuar.

La violencia obstétrica, como toda violencia de género, como toda violación a los derechos humanos, tiene raíces muy profundas y es ante todo un síntoma de la cultura patriarcal que todxs nutrimos y sostenemos. Uno de los pilares fundamentales que sustenta esta violencia es el modelo de madre que el patriarcado impone y nosotrxs perpetuamos, la pesada carga de *la buena madre* que se sacrifica, que es madre por designio y que deviene madre en el dolor y el sufrimiento. Con este precepto tatuado en las células, con esa fundante creencia arraigada en los cuerpos, las mujeres vamos a parir y por eso aceptamos (e incluso pedimos) la violencia que nos vendieron como necesaria y esperable. Es el rito de iniciación que toda buena madre tiene que superar. Incluso pareciera haber en nosotras cierto orgullo de padecer los tormentos del parto, porque eso jerarquiza nuestra entrega materna: *casi me muero cuando te parí.*

Pero las que se quejan, las que quieren partos dignos que estén a la altura de la vida nueva, son miradas con desprecio. Pobres las débiles que no tienen lo que hace falta para ser madres, las egoístas que exponen a sus hijxs por vivir una fantasía *hippie* y *snob*: esa es la idea que pretenden imponer, que un parto poderoso y en libertad para nosotras es una sentencia de muerte para nuestrxs hijxs, porque claro, no se puede ser mujer y madre al mismo tiempo. Nos quieren hacer creer que lo que haría una mujer es justamente lo contrario a lo que haría una madre; la madre se entrega y sacrifica por sus hijxs, la mujer es egoísta y superficial, solo busca el placer del pecado.

Por supuesto que esto es un engaño y que el bienestar del bebé depende en gran medida del bienestar de la madre. No son incompatibles ni están en pugna. Un parto en el que se preserva la fisiología y se respetan las necesidades de la mujer es también lo mejor para el/la bebé sanx. En un parto intervenido innecesariamente el/la bebé sufre y padece las intervenciones que se hacen sobre su madre, las drogas que se le inyectan actúan sobre él/ella también, el nivel de estrés, el miedo y la angustia al que es sometida la mujer impacta y altera su equilibrio hormonal y determina el vínculo afectivo entre ambxs.

Dejemos de creer que lo mejor para nuestrxs hijxs es siempre lo peor para nosotras, basta de perpetuar el modelo según el cual el amor materno se traduce en sacrificio, dolor y llanto. Que el primer sonido que escuchen nuestrxs hijxs al nacer sea el grito poderoso e intenso de una mujer plena, embriagada de fuerza y alegría. Que en su ingreso a este lado del mundo se nutra de libertad, respeto, placer y amor, y que no aprenda en sus primeros minutos el lenguaje del miedo y la violencia. Nuestrxs hijxs no necesitan madres "buenas" y sumisas, sino mujeres enteras y poderosas capaces de enseñarles, con hechos, que son lxs protagonistas de sus vida.

Elegir la maternidad

Por siglos la maternidad ha sido para las mujeres una imposición, un mandato social y cultural. El mensaje que aún hoy sigue recibiendo la gran mayoría de las mujeres en su infancia es que si podemos gestar es porque nuestra configuración emocional, biológica y psicológica está diseñada para desear ser madres y ocupar nuestra vida en ello. *La maternidad nos completa y nos realiza. La maternidad nos define como mujeres. Si no sos madre sos menos mujer. Si no sos madre odiás a lxs niñxs y quien odia a lxs niñxs es un ser perverso yególatra. Si no sos madre morirás sola, abandonada y triste. Si no sos madre no habrás descubierto el sentido de la existencia. Si no sos madre tarde o temprano te arrepentirás y la depresión caerá sobre vos.*

Crecemos inmersas en una cultura que nos ha reducido a envases, que antes de que aprendamos a hablar ya nos encaja un bebote y en la que obtenemos atención y reconocimiento en tanto mostremos *actitudes maternales.* ¿Qué tan libremente elegimos maternar aun cuando creemos haberlo planeado y deseado?, ¿elegimos realmente ser madres o asumimos con más o menos alegría y deseo aquello que se nos ha impuesto?, ¿cuánto de ese proyecto está alimentado por la niña que fuimos y la imagen de la madre abnegadamente *feliz* que nos crió?

Resulta complejo y contradictorio hablar de elecciones libres y autónomas cuando el objeto de elección se constituye como un mandato que nos trasciende, cuando vivimos como una falencia no estar sintiendo el "llamado" de la maternidad, cuando se nos mira con desconfianza sino manifestamos el deseo de ser madres, cuando se nos socializa de manera soterrada bajo la convicción de que amar a un varón es desear imperiosamente dar*le* un hijo (sí, en masculino).

Por todo esto resulta imposible hablar de derechos en el parto sin contemplar antes el derecho al aborto legal, seguro y gratuito. No importa la garantía de derechos que una mujer pueda tener en la escena concreta de su parto si está siendo forzada a ella por la falta de acceso al derecho de interrumpir voluntariamente ese embarazo y, antes de eso, a la educación sexual y los anticonceptivos necesarios para poder ejercer autonomía sobre su cuerpo y sus procesos sexuales y reproductivos. Parece lógico, pero hay que repetirlo hasta el cansancio: no podemos hablar de derechos en el parto si estamos ante una maternidad explícita o implícitamente forzada.

El patriarcado se funda en la ley y supremacía del varón/padre y requiere de la total entrega de la mujer a la maternidad, somos las que gestando y pariendo proveemos la mano de obra al servicio del capitalismo, la guerra y la violencia. Lo que está en disputa y genera tanta resistencia es la rebelión profunda que implica sabernos más que envases y romper con el mandato, es decir abiertamente que nuestros cuerpos no son más territorio de conquista, que no somos la mano de obra que garantiza la supervivencia de la especie. Este es el problema y no si abortamos o no, en lo concreto del hecho, aunque por supuesto hay quienes se sienten con derecho a castigar mujeres para aleccionar al resto, para que sigamos sintiendo terror a la justicia patriarcal; ya sabemos que lxs profesionales de la medicina están más (de)formadxs en los mecanismos de control y disciplinamiento de los cuerpos de las mujeres que en el arte de curar. Lo que no se nos perdona es que nos sintamos con el legítimo derecho de preguntarnos, sin importar las circunstancias y condiciones en las que nos encontremos, si queremos seguir adelante con un embarazo o no, porque esa pregunta rebelde que se abre paso sin importar la respuesta que dé cada mujer en su intimidad, lo que está diciendo abiertamente es que estamos rompiendo la sumisión y la obediencia, que nos sabemos soberanas, libres y dignas y que no aceptamos más control sobre nuestros cuerpos y nuestras vidas. Una configuración de mujer que atente contra los cimientos del patriarcado y que sí elija gestar, parir y maternar, con el ejercicio de su maternidad pondrá en jaque todo lo que la sociedad espera de ella. Una mujer libre cría hijxs libres.

Abortar al patriarcado

La discusión no es *aborto sí o aborto no*, ese es un debate que compete solo a la mujer que se encuentra frente a un embarazo y su decisión tampoco es eterna ni inflexible sino que responde a las circunstancias, deseos y necesidades concretas en las que la encuentre cada embarazo. En la lucha por el derecho al aborto confluyen cuestiones profundas que impactan en cómo nos vivimos y percibimos las mujeres y cómo nos asume la sociedad, independientemente de nuestras elecciones personales. La lucha por el derecho al aborto es la lucha por la autonomía de nuestros cuerpos en cualquier circunstancia y condición, por la libertad de decidir sobre nuestra vida sexual y reproductiva sin que nadie tenga la potestad de determinar lo que está bien o mal para nosotras. La lucha es por la reivindicación de nuestro deseo como factor determinante, por vivir sin mandatos sociales ni imposiciones ajenas; es por la certeza de que es nuestro derecho elegir sin tener que dar explicaciones ni demostrar que merecemos hacerlo porque somos responsables y coherentes y nuestras decisiones son legítimas. Es la lucha por el derecho a una vida sin culpa ni vergüenza, por asumirnos soberanas de nuestras propias vidas. Romper con el sagrado mandato de la maternidad es decir y decirnos que no tenemos más fin ni motivo que aquello que libre y autónomamente elijamos, que nuestros cuerpos y nuestras vidas no están al servicio de nada ni de nadie, que no somos cosas ni envases y que la maternidad será una elección regida por nuestro deseo y nunca una imposición. Una lucha que es de todas y que vale la pena dar y conquistar más allá de las decisiones que cada una tome para su vida.

Y es por eso, por todo lo que realmente significa esta lucha, que el eje de la discusión se corre una y otra vez. Que si aborto sí o aborto no, que la ciencia dice y opina, que es embrión o es *bebito*, que mejor hablar de adopción, que el alma, la psicología y la espiritualidad. Nuestra autonomía se corre una y otra vez del foco de la discusión, porque el ejercicio de poner a la mujer en el centro de la escena y mantenerla ahí, verla como protagonista, como sujeta plena de derechos nos resulta insostenible, va en contra de todo lo que hemos introyectado y para lo que fuimos socializadxs. Rápidamente las mujeres nos diluimos y nuestra vida íntima vuelve a quedar expuesta para ser discutida y decidida por todxs, menos por nosotras. Se puede oler el terror visceral que produce la idea de mujeres libres y soberanas, el miedo que genera la idea de mujeres decidiendo sobre sus cuerpos y sus vidas sin ningún tipo de tutela ni condición. Ese terror social da cuenta justamente de la necesidad urgente de romper con esta sociedad patriarcal. La autonomía de los varones, el ejercicio de su poder, nos ha llevado a un sistema depredador y violento, el miedo profundo que le tienen a nuestra soberanía habla del reconocimiento implícito del daño que han producido y producen. No nos temen a nosotras, temen que nosotras nos convirtamos en ellos, porque el patriarcado no conoce otra manera de construir poder y porque históricamente el poder en manos de los varones se traduce en la acumulación y el despliegue de privilegios que son la violencia descarnada y sistemática.

Quieren hacernos creer que hay algo mal en nosotras por exigir la soberanía sobre nuestros cuerpos y procesos sexuales y (no) reproductivos, por defender el derecho al aborto nos llaman asesinas, indolentes, irresponsables, egoístas. Con argumentos misóginos disfrazados de *amor por la vida* se vanaglorian de su moral mientras cierran los ojos y celebran las muertas en abortos clandestinos. "Se lo merecía, bien que sabía lo que hacía".

Buscan que nos avergoncemos por no querer ser madres, que nos miremos con recelo y con asco por no ser "buenas y santas", que sintamos vergüenza. Vergüenza de estar psicológicamente atrofiadas por no desear hijxs; vergüenza por pensar en nosotras y asumir nuestros deseos; vergüenza por sentirnos con derecho a decidir; vergüenza por no aceptar la obediencia, el sacrificio y la abnegación como destinos naturales; vergüenza por atrevernos a decir que no queremos o no podemos, que *no es no*.

Despliegan sobre nosotras todo tipo de conductas aleccionadoras para que sigamos temiendo a la violencia machista y aceptando la mentira de que *a las buenas chicas eso no les pasa*. Desean para nosotras el miedo en el cuerpo, el sabor amargo del dolor acumulado, la obediencia de quien se sabe vulnerable, la disponibilidad de quien se asume objeto. Nos socializan para asumir que lo que pasa en nuestros úteros es política de estado y decisión de los varones. Tener sexo, abortar, parir, son decisiones que no nos tocan. Suyo es nuestro cuerpo, suyo nuestro deseo, suyo el hijo que llevamos en el vientre, y sabemos que ir contra su voluntad es jugar con el fuego de la violencia machista. Y así aprendemos a sabernos presas fáciles, a temer por nuestra integridad; nuestra vida se transforma en una especie de campo minado en el que transitamos tratando de seguir el buen camino para que su violencia no estalle bajo nuestros pies.

Pero no. La vergüenza no es nuestra. Nuestra es la rabia insumisa y poderosa, la rebeldía constante, la lucha y la resistencia; nuestro es el poder de los actos de insubordinación cotidiana y en la consciencia colectiva que vamos gestando nos ganamos a nosotras gozosas y enteras; nuestra es la certeza de que en nuestras vidas y las de nuestras hijas y nietas ya no hay vuelta atrás.

La vergüenza es de ellxs, que con total ignorancia dictan nuestras sentencias de muerte y dicen que nada es para tanto o que algo habremos hecho. La vergüenza es de ellxs, que celebran que nosotras paguemos con nuestra integridad cualquier desafío al patriarcado y aprovechan cualquier resquicio para escupir su misoginia. La vergüenza es del macho depredador que bajo el disfraz de buen hombre y en nombre de sus privilegios va desparramando tortura y opresión sobre las mujeres que lo rodean. La vergüenza es del hijo sano del patriarcado que sabe que las mujeres soberanas de sus vidas no son mercancía para su consumo y se niega a perder sus privilegios. La vergüenza es de ellxs, del cómplice que ríe o calla, del que mira sin ver, del que se niega a cuestionar, de lxs que bajo la careta de la neutralidad esconden la misoginia más descarnada, la misma que viola, mata y tortura mujeres diariamente. Vergüenza de lxs que solo saben de opresión y maltrato, son ellxs quienes deben ser señaladxs porque el ejercicio de su poder es el que nos asesina. Y el miedo, el miedo también está cambiando de lado, cada vez es más suyo, porque nuestro grito de libertad ya explota en sus caras, tocó a sus puertas y se instaló en sus vidas. Y temen porque saben que ya nada volverá a ser como antes.

4. DESMONTANDO LA NORMA

Rituales obstétricos

La versión oficial es que el ingreso de los nacimientos a las instituciones fue una medida para liberarnos a mujeres y bebés de una atención primitiva basada en rituales, brujería y creencias sin sustento científico, brindada por parteras que no eran más que mujeres analfabetas y sucias, más cercanas a la superchería que a la luminosidad de la ciencia. Pero este relato no es otra cosa que el resultado de una agresiva campaña de marketing que caló tan hondo que actualmente no concebimos la salud sino es dentro de una institución, le tememos a cualquier otra alternativa. Lo paradójico es que desde ese momento la atención obstétrica generalizada se rige por creencias y no por pruebas, por prejuicios y no por evidencia científica. Otra paradoja es que se haya desprestigiado a las parteras asociándolas a cultos y ritos de fe, cuando la opción "superadora" fue el culto a la tijera y la bata blanca. Cambiamos la brujería de las hierbas por la de las drogas químicas.

La realidad en las instituciones también está repleta de actos de fe: el rito de la episiotomía, la oxitocina sintética, la litotomía, el *Kristeller*, el corte prematuro de cordón y una serie interminable de intervenciones estandarizadas y rutinarias que no miran el caso concreto ni se aplican en función de cada realidad particular sino que se encadenan una detrás de otra porque en ello reside el nuevo dogma. Creen que es lo mejor, por supuesto, pero no porque haya evidencia de eso (todo lo contrario), sino porque en Obstetricia lxs profesionales tienen la potestad de suponer, asumir, opinar y actuar en consecuencia. Intervienen el proceso como una suerte de ritual místico sin fundamento ni asidero científico, solo sostenidxs por sus creencias y (malas) costumbres. Lo hacen de la misma manera que el fanático repite todos los domingos la misma cábala para que gane su equipo.

El sistema médico imperante es presa de una locura aberrante y nociva, la del parto medicalizado e intervenido, cuyxs fervientes seguidores repiten rituales peligrosos día tras día, nacimiento tras nacimiento. Profesionales que leyeron libros y estudios en los que se desaconseja el uso indiscriminado de ciertas rutinas en las salas de parto parecen desdoblarse y olvidar lo que aprendieron. Por supuesto que no lo hacen por maldad y que tampoco se trata del desequilibrio mental de lxs profesionales; solo son dignos hijxs de este sistema que entre todxs sostenemos y perpetuamos.

Nos escandalizamos ante la idea de que una mujer atraviese su parto moviéndose libremente pero nadie se aterra con la imagen de una mujer atada que mira al techo, con las piernas abiertas, en una posición incómoda y de total exposición y vulnerabilidad. Entramos en pánico ante la idea de que un/a bebé atraviese el canal de parto a su tiempo, pero nos parece lógico que una persona empuje con fuerza desde la parte alta de la panza de su madre o incluso se suba a la panza para empujar salvajemente al bebé o tironee de su cuerpo para acelerar el nacimiento, como si no tuviéramos tatuado en cada célula el giro que debemos dar para salir al nuevo mundo.

Nos parece arriesgada la mera posibilidad de un desgarro (que en caso de darse solo involucrará tejido y mucosa y puede que ni necesite sutura), imaginamos que esa mujer quedará marcada de por vida, afectada y dañada; pero un desgarro quirúrgico, un corte que involucra músculos y que sí o sí necesitará sutura, una mutilación genital (¡qué ironía!) es lo que nos parece más adecuado y tranquilizador.

Consideramos prehistórico y poco civilizado dejar que las hormonas de una mujer hagan su trabajo, a su manera y con la perfecta danza química que nos ha permitido llegar hasta aquí, pero, en cambio, nos parece lógico y necesario invadir el cuerpo de esa mujer con la misma hormona pero sintética para no tener que esperar el tiempo propio del nacimiento, porque nos parece ridículo y poco conveniente. Así que mejor drogarla, inyectarle en las venas una sustancia que hará que las contracciones estén en un ritmo, tiempo e intensidad muy por encima de su umbral de dolor, de la capacidad de su organismo y de la resistencia del/a bebé; y si se pasa, está la Peridural para seguir alimentando el círculo vicioso.

Nos resulta aterradora la imagen de una mujer pariendo en cuclillas, henchida de poder y fuerza, muy animal, muy poco civilizado; pero nos parece fantástica la idea de una mujer acostada abierta al medio para comodidad del personal médico y la institución, ¡eso sí es modernidad!

Nos parece poco serio que una mujer elija quiénes estarán acompañándola el día de su parto o quiénes pueden visitarla en su casa, pero nos parece saludable que un hecho tan íntimo y sexual sea presenciado por desconocidxs que ni siquiera se presentan y que toquen su cuerpo o metan los dedos en su vagina. Nos parece que lo que corresponde es que ella entre sola, alejada de sus afectos y atraviese en soledad un hecho tan entrañable.

Nos aterrorizamos pensando en los gérmenes y bacterias que pueda haber en una casa (a la que de todos modos el/la bebx ingresará 48 horas después) pero consideramos muy aséptico e higiénico un lugar donde conviven todo tipo de enfermedades y bacterias desconocidas para el organismo materno.

Miramos con desdén y enojo a esas díscolas e irresponsables que pretenden informarse, tomar el control de su parto y van cambiando de equipo obstétrico hasta dar con aquel que se adapta a sus necesidades y deseos, las que se atreven a cuestionar, a exigir, a elegir informadamente; pero nos parece muy prudente y responsable la actitud de quienes entregan sus cuerpos (y los de sus hijxs) y todas las decisiones sobre el parto sin siquiera preguntar ni preguntarse nada. Es normal, claro, entregarnos sordas, ciegas y mudas.

Las intervenciones pueden salvar vidas, por supuesto, pero aquellas que necesitan ser salvadas y solo cuando son usadas correcta y oportunamente. Ninguna intervención es inocua, todas traen efectos secundarios, más o menos visibles, más o menos importantes, pero es mentira que *no pasa nada* con lo que nos hacen. Lo mínimo que puede causar una intervención es lo que se conoce como una *cascada de intervenciones*; una intervención lleva a la otra hasta forzar de tal modo los organismos de la díada que efectivamente se hace necesaria una intervención mayor y de urgencia.

Es importante entender que una mujer y un/a bebé durante el parto no tienen que ser salvadxs de antemano, porque no están enfermxs ni están atravesando una situación patológica *per se*; todo lo contrario, están viviendo un hecho sano y fisiológico de profunda trascendencia emocional. Lo urgente y primordial para ellxs es un entorno respetuoso y atento a sus necesidades y deseos, con profesionales idóneos que acompañen desde la paciencia y la calma, interviniendo solo si es estrictamente necesario. Hace años ya que los estudios médicos y científicos han dejado en evidencia que la atención obstétrica actual es nociva y no tiene asidero. Hace décadas que diferentes organizaciones a nivel mundial se manifiestan en contra de la intervención innecesaria en los partos y abogan por una atención que preserve la fisiología. Hace tiempo que en Venezuela se acuñó el término *violencia obstétrica* para hacer referencia, entre otras cosas, a la patologización e intervención innecesaria e invasiva. En Argentina se la contempla como una modalidad de violencia hacia las mujeres, la OMS se refiere a ella como un grave problema de salud pública y la ONU la considera una violación a los Derechos Humanos. Las mujeres y familias venimos exigiendo que se respeten nuestros partos y el nacimiento de nuestrxs hijxs y vamos encontrando alternativas seguras y viables al sistema médico dominante. Y sin embargo el panorama cotidiano es una larga cadena de prácticas sin sentido sostenidas en la costumbre que se desentienden de las heridas que provocan.

Presunción de seguridad

El proceso histórico de institucionalización de los nacimientos guarda en sus orígenes resultados devastadores y concepciones nocivas que nos acompañan hasta el día de hoy y que toleramos enceguecidxs por la promesa de seguridad. Sin embargo, en el momento en que los nacimientos ingresaron a las instituciones no había ninguna evidencia que demostrara, ni siquiera que sugiriera, que era una opción más segura. Fue solo una creencia que aceptamos masivamente atravesadxs por el discurso del miedo y del prestigio social, lo aceptamos ciegamente en aquel entonces y hoy lo hacemos todavía.

No es cierto que el ingreso de los nacimientos a las instituciones haya disminuido el índice de la morbi-mortalidad materno-neonatal. Por el contrario, este hecho trajo en un primer momento un drástico aumento en la mortalidad materna a causa de la fiebre puerperal y otros efectos adversos propios de la alteración de elementos vitales en los nacimientos, como la intimidad, la libertad de movimiento y expresión y el acompañamiento y sostén emocional. Y no olvidemos los riesgos que son propios del sistema, como un mayor índice de iatrogenia e infecciones intrahospitalarias, cuyo descenso está directamente relacionado con procesos socio-culturales que mejoraron la calidad de vida de las personas, el correcto e idóneo seguimiento del embarazo y los avances médicos y científicos para los casos en los que es realmente necesario.

Pero tal vez lo más peligroso de esta creencia no sea el lugar físico en sí sino la imagen de parto *normal* que hemos construido; lo concebimos como un evento médico, traumático y peligroso, cargado de intervenciones y restricciones a la libertad de la mujer. La imagen del parto institucional se convirtió en la imagen del parto a secas, ese que todxs damos por normal y que es el paradigma con el que se mide cualquier alternativa. No pareciera existir ningún interés científico en demostrar la seguridad del parto institucionalizado, socialmente lo hemos dado como el hecho irrefutable, la verdad máxima y la norma universal.

Es interesante observar cómo la ciencia ha ido demostrando que la mayoría de los supuestos del modelo perinatal dominante son falsos, que los cambios que se hicieron en el tránsito de la casa al hospital han traído resultados nocivos y sin embargo aun no se cuestionan los cimientos en sí. Veamos algunos ejemplos: durante el proceso de institucionalización de los nacimientos la atención de los procesos sexuales y reproductivos de las mujeres pasó de las parteras a los médicos obstetras (varones), sin embargo la evidencia científica ha demostrado que la partera es la profesional idónea para atender los partos y embarazos y que su atención disminuye el índice de intervenciones y provee mayor sostén emocional; la figura del obstetra, por su parte, debería estar solo para casos de instrumentalización y cirugía. En el tránsito a la institución se perdió el carácter íntimo y familiar del proceso, la mujer fue aislada de su entorno y la familia fue considerada un estorbo y reemplazada por el personal médico; no obstante la ciencia también demostró que el acompañamiento emocional y familiar tiene un impacto positivo en el desarrollo del proceso en sí y en la vivencia subjetiva de la experiencia. La atención institucional propone un modelo en el que cuanto mayor sea el protagonismo y la comodidad del equipo obstétrico y más rápido resulte el proceso todo será mejor y más seguro; sin embargo la evidencia ha demostrado que la pérdida de protagonismo de la mujer, su libertad y autonomía equipara la experiencia del parto a situaciones de violación y abusos y que el respeto por los tiempos fisiológicos y emocionales del nacimiento no solo favorece el desarrollo del mismo sino que otorga a la mujer mayor sensación de satisfacción y empoderamiento frente a la vivencia. También en este proceso el regazo de la madre y el contacto ininterrumpido fueron reemplazados por controles neonatológicos invasivos y crueles realizados en total separación; la evidencia demostró la importancia de respetar las necesidades fisiológicas, emocionales y psicológicas de la díada en el contacto ininterrumpido, incluso en casos de bebés con patologías graves.

La evidencia ha demostrado también que el parto planificado en domicilio es igual de seguro que el parto en una institución, pero que tiene un menor reporte de intervenciones y un mayor registro de bienestar materno-fetal y de satisfacción con la experiencia. Podríamos decir, entonces, que tiene más elementos a favor que el parto institucional y aun así, frente a todas estas pruebas, seguimos sin cuestionar profundamente si la institución es un lugar idóneo para acoger los nacimientos.

La presunción de seguridad de la institución en la atención perinatal se basa en la disponibilidad de equipos médicos, quirófano y demás tecnología de alta complejidad. Sin embargo, la sola presencia de estos elementos no es garantía de nada, es indispensable un uso correcto y oportuno.

¿Siempre y bajo cualquier circunstancia es seguro parir en una institución?, ¿es posible ingresar en ellas sin tener que resignar ni negociar nada?, ¿es viable hacer transformaciones profundas en el modelo de atención dominante sin cuestionar el lugar en el que se llevan a cabo?, ¿a qué llamamos seguridad?, ¿qué nos mueve a elegir una institución y qué tan libre es esa elección?, ¿cuán atravesadxs por el discurso del miedo estamos?, ¿que entendemos por riesgo?, ¿qué entendemos por salud y bienestar?

Ingresar a un espacio diseñado y concebido para acoger la enfermedad, cuyo funcionamiento y organización se basa en la funcionalidad y eficacia para tratar la emergencia, patologiza el proceso y ubica a la mujer y a su familia en una relación de dependencia con respecto al poder y al saber médico.

Según índices de la OMS (un organismo bastante conservador) el 85% de los nacimientos se dan *en salud*, ¿no deberíamos pensar entonces que el ingreso a la institución debería ser la excepción y no la norma?

El riesgo cero no existe

Somos una sociedad con un terror visceral a la muerte, la vemos incluso como una derrota, como un fracaso. Para nuestra cultura, la vida es una lucha constante para vencer a la muerte. La industria de la cirugía estética y el *anti-age*, el elogio de la juventud como estado ideal y el modo en que los medios de comunicación presentan las noticias referidas a la salud de las figuras públicas ("venció al cáncer" o "al final perdió la batalla") nos lo demuestran diariamente. El sistema médico dominante vendría a ser el héroe al que socialmente le hemos otorgado la misión (y el poder) de salvarnos de la muerte a cualquier precio y bajo cualquier circunstancia. Así como la religión y los funcionarios que la representan se han convertido en nuestro puente con Dios y nuestro resguardo frente al infierno, la medicina y lxs profesionales que la ejercen se han constituido como nuestra garantía de vida y nuestro bastión contra la muerte y por eso les debemos obediencia y sumisión.

La vida está siempre al lado de la muerte, la prenda de unión de todo lo que muere es que antes de morir estuvo vivo. Esto que parece tan obvio se convierte en una realidad abrumadora cuando hablamos de un nacimiento. No debería morir lo que está naciendo ni aquello que está dando vida, de hecho parece una broma de mal gusto, pero aunque se trate de una posibilidad desgarradora las muertes neonatales y maternas suceden y en algunos casos no hay nada que pueda hacerse para evitarlas. El riesgo cero no existe, en un nacimiento pueden tomarse todos los recaudos necesarios y aun así los imponderables suceden. Es por eso que es tan importante que mujeres y familias dispongan de información completa, verdadera y oportuna que les permita elegir las opciones acordes a su realidad obstétrica y a las creencias con las que se sienten más cómodas y seguras.

Lo que la atención perinatal dominante ofrece como respuesta ante el miedo a la muerte es un modelo de atención estandarizado que actúa *por las dudas* y que ostenta prácticas invasivas y crueles sin asidero científico. Se ha desarrollado un ritual rígido y universal en el que las prácticas se suceden una detrás de otra, sin conciencia ni necesidad, solo porque en la repetición automática e impersonal se vende cierta promesa de seguridad. La sensación de tranquilidad no está dada por el beneficio real de las intervenciones sino por la creencia ciega de que cumpliendo con todos los pasos arbitrariamente determinados nada puede salir mal. Nos entregamos obedientes a un sistema que nos vulnera y nos daña, aferradas a la certeza de que solo así mereceremos hijxs sanxs y vivxs. Las muertes perinatales y neonatales son una de esas realidades que no se le desean a nadie y si sentimos que existe algo que nos prometa salvarnos de esa pesadilla lo tomaremos sin dudar.

Es importante empezar a hablar de este tipo de muertes, ponerle palabra a esta realidad desgarradora. Como toda mortalidad, está determinada por condiciones de vida, sociales y económicas. Ahora bien, existen las muertes evitables, aquellas determinadas por errores en la práctica obstétrica, sea por acción u omisión, vacíos en los procesos de seguimiento, uso de prácticas inadecuadas o fallos en la atención; y existen las muertes inevitables o difícilmente reducibles en la actualidad, que son aquellas en las que, aunque la práctica obstétrica fue correcta, con todos los insumos y recursos a disposición, la muerte ocurre igual.

Detrás de cada muerte neonatal, perinatal o materna evitable, además de las responsabilidades concretas y personales de lxs profesionales que intervinieron en la atención, hay un sistema médico y un Estado directamente responsables. No podemos desconocer que el sistema médico dominante en materia de atención perinatal es violento, expulsivo y está atravesado por perspectivas misóginas y machistas, que aquellas mujeres que demandan una atención garante de sus derechos y protectora de su bienestar y el de su hijx suelen estar en mayor riesgo de sufrir prácticas invasivas y nocivas como conducta aleccionadora por sus exigencias. Las mujeres solemos encontrar en la medicina imposiciones y no opciones;

ya desde las consultas prenatales la interacción se reduce a una lista de órdenes e indicaciones sin explicaciones ni información y en las que las dudas, necesidades y preguntas de la mujer son continuamente desestimadas. Durante la gestación, el parto y el posparto seguiremos encontrándonos con violaciones a nuestros derechos, mentiras, información sesgada, selección discrecional de los riesgos, manipulación y terrorismo psicológico. Es inaceptable que el precio por la atención obstétrica y la supuesta eliminación de riesgos sea ser tratadas como objetos sin voz ni protagonismo en la toma de decisiones. Y más inaceptable todavía es el pacto social que normaliza y legitima esta situación.

Mujer sana y bebé sanx

El "éxito obstétrico" se define como "bebé sanx y mujer sana", un objetivo que leído fuera de contexto resulta, por supuesto, bastante loable. Lo interesante sería preguntarnos qué puede significar el bienestar de mujeres y niñxs dentro de una sociedad adultocéntrica y machista. A nivel general, el criterio de *salud* dentro del sistema médico dominante está ligado a la ausencia de muerte, consideramos que la salud ha prevalecido en tanto y en cuanto los signos vitales se mantengan. Una visión cortoplacista que lleva al uso abusivo de intervenciones que mantengan *aquí y ahora* esos signos vitales, aunque a mediano y largo plazo representen un problema mayor.

La gran diferencia entre hombres y mujeres en su relación con el sistema de salud es que la voz del hombre tiene mayor relevancia, su valoración subjetiva y sus expectativas son respetadas y tenidas en cuenta, mientras que las de las mujeres son tomadas como caprichos, cuestiones superficiales producto de una naturaleza hormonal y emocionalmente desequilibrada que tiende a exacerbarse durante el embarazo y el parto.

Desde el momento en que nos sabemos embarazadas somos catalogadas dentro del bajo o el alto riesgo obstétrico, el *riesgo* es el criterio fundamental en torno al cual se organiza toda la práctica obstétrica, una etiqueta que no da margen para pensar en el embarazo y el parto como procesos saludables; somos indefectiblemente una bomba a punto de estallar, con más o menos probabilidades, pero bomba al fin. Esto implica, entonces, que debemos ser rescatadas de ese riesgo y lo único importante es minimizarlo, aunque su existencia sea irreal. Por supuesto, ninguna mujer espera atravesar riesgos innecesarios ni que lo haga su hijx, pero cuando esta es la perspectiva predominante en el camino perdemos la prioridad de la salud y el bienestar como conceptos amplios y complejos que trascienden a la mirada clínica.

Desde esta óptica, una correcta práctica obstétrica es aquella que se basa en catalogar el riesgo y evitarlo, algo que por supuesto todxs queremos, pero que debería ser un efecto colateral del trabajo centrado en la salud y el bienestar y no un fin en sí mismo. En este caso, el orden de los factores sí afecta y determina el producto. Ese "bebé sanx y mujer sana" consiste en dos cuerpos sin daños físicos aparentes, y aquí el concepto *aparente* es de gran relevancia porque, por ejemplo, la cicatriz de una episiotomía innecesaria no se considera *daño*, aunque sea una mutilación genital, como tampoco la cicatriz en el útero producto de una cesárea innecesaria, el desajuste hormonal que genera la medicalización de rutina o los moretones en la panza que produce el *Kristeller*, ya que en el imaginario popular esas marcas son justamente la prueba del correcto accionar médico ante la hipotética posibilidad de un riesgo. El fin justifica los medios.

El *potencial riesgo* es riesgoso en sí mismo. Si como mujer me siento en riesgo, entregarme al sistema y a las manos mágicas del/a salvador/a es una actitud lógica y esperable. La idea de éxito obstétrico habilita a lxs profesionales de la salud a tomar el control sobre el proceso y a actuar sin necesidad de contar con la participación ni autorización de la mujer. ¿Quién va a preocuparse por su autonomía cuando es una bomba a punto de estallar que compromete la vida de su hijx? En el peligro hay poco margen para las decisiones libres y autónomas, menos aún para el placer, el disfrute y el bienestar; solo buscamos librarnos del final trágico que tanto nos auguran.

Profecía autocumplida

Un parto es un evento que en cualquier momento, sin previo aviso y en cuestión de segundos, puede transformarse de un remanso de paz en una bomba atómica de proporciones incalculables. Esta es la premisa sobre la que se basa el despliegue de medicalización e intervenciones masivas. Como en cualquier momento todo puede convertirse en caos y tragedia, pues es mejor estar acostada y atada, enchufada a un suero y con las piernas bien abiertas, lista para cualquier intervención. Como en cuestión de segundos todo puede transformarse en muerte y destrucción lo mejor es intervenir de antemano, así por lo menos queda la sensación de haber hecho todo lo humanamente posible.

Así es como mujeres y bebés somos sometidxs a intervenciones crueles, nuestra química hormonal llevada al límite y nuestros organismos forzados hasta el cansancio, hasta que efectivamente una mujer que cursaba un embarazo sano y gestaba un/a bebé sanx es la protagonista de una tragedia, uno de esos casos que *nadie le desea a nadie*. Aunque parezca absurdo y perverso, el modelo de atención dominante gana y se fortalece, los daños y las secuelas padecidas por las mujeres y sus hijxs, incluso sus muertes inesperadas y trágicas, se transforman en los chivos expiatorios que justifican sus prácticas. Son esos casos, paradójicamente generados por el mismo modelo de atención, los que sirven para justificar un mayor recrudecimiento en las prácticas intervencionistas. Un círculo vicioso infinito.

Nos corre el tiempo

La lógica, la ética y la evidencia científica indican que el único parámetro para intervenir en un nacimiento debería ser la necesidad; mientras la diada esté bien ¿por qué deberían intervenir y medicalizar un proceso fisiológico, sano y natural?, ¿por qué empezar a meter mano donde hay bienestar y salud?, ¿por qué arreglar algo que no está roto? Sin embargo, para la atención obstétrica dominante el parámetro preponderante es el tiempo. El tiempo para que inicie el trabajo de parto, el tiempo para dilatar, el tiempo del expulsivo, el tiempo del equipo obstétrico, el tiempo de la institución.

Las intervenciones y rutinas se hacen para acortar los tiempos, acelerarlos y hacer que entremos en unos márgenes determinados. Entramos en una lógica *fast food* y con cada límite impuesto que traspasemos vendrá la correspondiente sentencia: *sos de las que no inicia trabajo de parto, no dilatás, no sabés pujar*, etc.

Primero son las semanas de gestación, si son más de 40 ya estás pasada (como un yogurt con fecha de vencimiento) y hay que hacer una inducción, aunque todo indique que la mujer y el/la bebé estén bien y aunque a veces ni siquiera se tomen el trabajo de hacer el seguimiento y los estudios necesarios para corroborarlo. Pasaste la semana 40 y el embarazo tiene que terminar, lo dice el reloj.

Luego el tiempo para dilatar, si en tantas horas no estás en tantos centímetros *es que no dilatás, para qué vamos a seguir con esto* y empieza la catarata de intervenciones para acomodarte a los tiempos del protocolo.

Y si llegamos a las ligas mayores del expulsivo porque hemos sorteado las imposiciones de la fecha probable de parto y del tiempo de dilatación, arranca otro tanto de lo mismo, después de cierto tiempo pujando (muchas veces sin ganas, con pujos dirigidos y sin libertad de movimiento) empiezan las suposiciones del tipo *debe tener cordón corto, vueltas de cordón, no puede pasar por el canal de parto*.

Pero el bienestar de un proceso tan particular como el parto no puede medirse en tiempo, ese parámetro solo existe por y para beneficio del equipo obstétrico y las instituciones: *el tiempo es dinero*. Es ridículo que los indicadores de normalidad y salud de la atención obstétrica institucional estén basados en el tiempo y no en el bienestar real de mujeres y bebés, que sea irrelevante saber si todo está bien porque aunque lo esté, pasado determinado tiempo, sí o sí hay que pasar al siguiente nivel de intervención. Así lo marca el reloj, el que todo lo sabe y todo lo rige.

Y ya que nos amoldamos a los tiempos del protocolo ¿por qué no acomodarnos también a la agenda del equipo obstétrico y programar una inducción o una cesárea para no estar despertando a nadie de madrugada? ¿Por qué no terminar rápido con el nacimiento y liberarles la tarde o despejar la sala de parto para la que sigue? ¿Por qué no hacerlo y por qué no permitirlo? si ya nos quedó claro que lo que importa es el tiempo.

Una imagen vale más que mil palabras

La imagen típica de una sala de parto, la disposición de los espacios y la jerarquía de los sujetos, no solo da cuenta de lo que está sucediendo concretamente ahí sino que da pautas claras para entender por qué sucede lo que sucede, porque sin importar las condiciones concretas de cada nacimiento, las circunstancias particulares de cada mujer y profesional involucradx, la dinámica suele repetirse sin grandes modificaciones. Mujeres distintas, profesionales distintxs, circunstancias distintas, entornos diferentes, la misma historia, la misma imagen.

¿Qué ve la mujer durante el nacimiento de sus hijxs? ¿Cuál es el campo visual que le toca y que habrá de indicarle el rol que le corresponde? Acostada, mirando al techo, atada por cables y lazos, la mujer participa del proceso en calidad de extra, es parte del mobiliario, un insumo más. Ella no es importante y lo sabe, si lo fuera ocuparía otro lugar en el espacio, uno que le permita ver lo que sucede y tener cierto control y capacidad de acción. No es necesario que nadie le diga que se quede quieta y no estorbe, que deje a "lxs que saben" ocuparse de la situación, lo sabe porque está disponible para todo aquello que deseen hacer quienes ostentan el poder. Que su panorama visual sea el techo da cuenta de lo sustituible que es, es un recipiente, uno más de los tantos que pasaron o pasarán por esa cama.

¿Qué ven lxs profesionales obstétricxs durante los nacimientos que asisten? Tienen plena libertad para circular por el espacio y por el cuerpo de la mujer, se encuentran frente a un trozo de cuerpo, unas piernas abiertas, una vagina que dilata, una cabeza que se asoma. Lo importante aquí es la mecánica, unas contracciones que van y vienen serán catalogadas o no de eficaces según su parecer personal; su labor es garantizar que el proceso de esta máquina suceda en tiempo y forma. Al finalizar el nacimiento serán ellxs lxs protagonistas del proceso, lxs encargadxs de decirle a la mujer lo que debe sentir y pensar con respecto a su propio parto: *fue un parto buenísimo; cómo nos hiciste trabajar; gracias que estábamos nosotrxs, lxs salvamos.* Y esa será la historia que ella cuente y repita, aunque no coincida con sus sensaciones, ¿qué sabrá ella que solo estaba mirando al techo?

La mujer invisible

La contracara de la violencia obstétrica sería lo que se ha denominado Parto Respetado, un nombre que encierra varios problemas: ¿Qué sería un parto respetado? ¿Qué significa *respeto* si hablamos de mujeres y niñxs en una cultura misógina y adultocéntrica? ¿Qué implicaciones tiene la diferenciación entre unos partos *respetados* y otros partos a secas? ¿Estamos asumiendo que un nacimiento puede ser *no* respetado? ¿El respeto es algo que pueden seleccionar a su criterio lxs profesionales de la medicina?

Vamos a usar este concepto porque es un piso de acuerdo del que partimos, pero es importante problematizarlo también. Hablar de Parto Respetado habilita inmediatamente la posibilidad de que existan partos que no lo sean y aunque de hecho la mayoría de los partos tienen poco de respeto ponerle este *apellido* a algunos partos instala la idea de que se trata de algo extra, de un servicio o un favor. Podemos tener un parto a secas o *agrandar el combo* si podemos pagarlo o contamos con la buena voluntad del/la profesional de turno, aunque en realidad estemos hablando de un derecho humano inalienable tanto para la mujer que pare como para la criatura que nace.

Desde el momento en que se acuñó esta expresión ha quedado en evidencia la enorme dificultad que para mujeres, médicxs y legisladorxs representa definir y entender qué significa este concepto. Existe una enorme resistencia a asumir este nuevo paradigma como algo saludable, ¿por qué y cómo podría ser el respeto algo nocivo? La dificultad radica en que no podemos entender qué es el Parto Respetado en tanto la mujer sigua invisible en la ecuación. Y no podemos verla porque asumirla en el lugar que le corresponde es un acto de traición a todo aquello para lo que hemos sido socializadxs; verla es transgredir todo mandato.

¿Parto Respetado es sinónimo de parto en casa?, ¿o se trata de un parto sin intervenciones ni medicalización?, ¿o estamos hablando de partos vaginales?, ¿o a lo mejor se refiere a la amabilidad en el trato? Intentamos definir al Parto Respetado en función de factores externos a la protagonista de la historia, como si quisiéramos escribir la biografía de una persona pero sin nombrarla, sin interesarnos por su vida y relatando sucesos que jamás vivió. Pretendemos definir al Parto Respetado en función del lugar, la práctica médica, la calidez humana o la vía del nacimiento, pero la mujer sigue siendo parte del mobiliario.

Parto "Respetado"

Empecemos por el principio. El Parto Respetado no es una moda ni una novedosa invención *snob*; se trata de lo que las leyes y la evidencia científica señalan como el único modelo de atención que favorece y preserva el bienestar y garantiza los derechos de la mujer gestante y de su hijx. Fundamentalista, ¿no? Más si tenemos en cuenta que la vecina, la prima, la madre, la tía y millones de mujeres parieron y siguen pariendo de otra forma, de la que no lleva aclaración y *mirá lo bien que están y lo felices y sanxs que son lxs hijxs de todas*.

¿Por qué entonces tenemos que hablar de Parto Respetado si con el parto a secas estábamos contentas y cuidadas? Los relatos de las mujeres no mienten y la evidencia científica lo confirma, el parto a secas, el parto que el modelo de atención perinatal dominante concibe como ideal no es otra cosa que una violación y vulneración sistemática. Entonces empieza a imponerse la necesidad de ponerle un nombre que explique lo que es verdaderamente necesario en un nacimiento diferenciándolo de la práctica habitual y extendida. La palabra *respeto* puede entenderse de diferentes maneras, pero en este contexto el término hace alusión, ante todo, al hecho de devolverle a la mujer el protagonismo del evento, a reconocer y favorecer la soberanía de su cuerpo, la capacidad de tomar decisiones, el ejercicio de su autonomía. Es deber del equipo obstétrico fortalecer ese proceso, brindar información adecuada, completa, y oportuna para que pueda elegir libremente. Esto aplica a cualquier condición o circunstancia que rodee al nacimiento, lo cual salda la discusión sobre si el Parto Respetado está ligado al escenario o a la vía del parto o si se trata un proceso de bajo o alto riesgo o a cualquier otra cuestión ajena al protagonismo y autonomía de la mujer.

La base sobre la que debería realizarse toda atención obstétrica, salvo que la mujer con información elija lo contrario, es una atención basada en la evidencia científica actualizada y validada. La correcta práctica obstétrica prioriza el respeto de los tiempos y la fisiología del parto/

nacimiento, lo que implica una visión del embarazo y el nacimiento como procesos sanos y naturales. En este contexto desaparece la figura del equipo médico que *hace partos* y se jerarquiza la del equipo que acompaña y sostiene el proceso solo interviniendo cuando es estrictamente necesario. Entonces, el Parto Respetado no se mide en función de la cantidad de intervenciones sino de la certeza de que sean médicamente necesarias y realizadas bajo la estricta autorización o pedido de la persona gestante (siempre que se trate de una mujer debidamente informada).

El término tampoco hace referencia a la calidad del trato humano, lo cual debería darse por descontado. Sabemos que los gritos, los comentarios denigrantes, las burlas y la indolencia son moneda corriente en los nacimientos. Sin embargo, si bien cuando hay maltrato verbal o físico hay violencia obstétrica, el trato digno en sí mismo no implica que nuestro parto haya sido respetado. Tendemos a asociar respeto con amabilidad (con qué poco nos conformamos), por siglos hemos sido tan maltratadas y abusadas que con que nos miren a los ojos y nos hablen bien ya sentimos que tenemos todo y en realidad solo seguimos recibiendo las migajas. Lo peligroso de esta falsa idea de respeto es que lo que ahora nos vende el sistema médico hegemónico es solo una lavadita de cara; nos cambian la episiotomía de rutina con maltrato verbal por la episiotomía de rutina explicada amorosamente.

Se han puesto de moda lxs profesionales amoroxs y empáticxs, que informan (no dan información) y piden autorización: *es lo mejor, ¿me dejás?* Los criterios médicos y éticos no se están replanteando desde la base, solo se están adornando los modos. No importa con cuánta amabilidad realicen sobre nosotras o nuestrxs hijxs intervenciones de rutina, no importa si mientras lo hacen nos hablan dulcemente, nos agarran la mano y nos secan las lágrimas. La intervención y medicalización sin justificación médica es violencia obstétrica y es abuso de poder y por tanto no tiene nada que ver con el respeto. Tampoco estamos hablando de un parto respetado si no recibimos toda la información completa o nos dan información falsa y omiten datos relevantes; aunque lo hayan hecho con mucha amabilidad la información parcial o falsa también es violencia obstétrica. Si se realiza una intervención médicamente necesaria para la cual no se obtuvo autorización, también hay abuso de poder. El reconocimiento de la autonomía de la mujer para aceptar, rechazar o pedir es el eje central.

Que una mujer esté satisfecha con la experiencia no implica que sus derechos y los de su hijx hayan sido respetados. De hecho, socializadas como estamos dentro de una cultura patriarcal, es habitual que normalicemos y legitimemos el abuso que sobre nosotras y nuestrxs hijxs se comete. Parto Respetado es siempre sobre la idea de mujeres íntegras y enteras que eligen, piden y desean y un equipo obstétrico que cuida del bienestar y la salud de la diada sin arrogarse jamás el derecho a decidir en nombre de la mujer.

Una opción dentro del menú

Aquel que detenta privilegios está siempre conforme y hará lo que sea para no tener que resignarlos. El sistema médico dominante ha generado su propia versión deformada y mentirosa de lo que es un Parto Respetado; el discurso oficial plantea básicamente que se trata de una moda peligrosa, un retroceso en la práctica obstétrica, un negocio de marketing de algunxs profesionales inescrupulosos y negligentes, un caprichito egoísta y *snob* de cierto sector social.

Ante la palabra sagrada de alguien que porta ambo parecemos perder toda posibilidad de análisis; incluso la palabra *respeto*, que no tiene objeciones en ningún otro ámbito, pierde total legitimidad ante un/a profesional médico que sin mayor explicación dice que *eso es una moda peligrosa*. ¿Qué mujer no quiere que la traten con respeto o que lo hagan con su hijx? ¿En qué otra situación diríamos *no quiero respeto, gracias, es demasiado riesgoso?*

En honor a la verdad el término Parto Respetado no debería existir, respetar un nacimiento con todo lo que ello implica es la única opción ética y legal y para dejarlo en evidencia deberían ser los partos violentados los que lleven el distintivo. Las mujeres no deberíamos estar buscando partos respetados sino huyendo de la tortura de aquellos que no lo son. Asistir partos debería referirse única y exclusivamente a una atención que reconozca la autonomía de la mujer y garantice sus derechos, que respete el desarrollo fisiológico y entienda de la trascendencia emocional y la intensidad del proceso y lo acompañe en consecuencia.

La elección de cómo, dónde y con quién parir le pertenece a las mujeres y no a lxs profesionales, para ellxs solo debería existir una opción, el deber profesional de asistir nacimientos basándose en las decisiones de la mujer y la evidencia científica disponible, solo pueden respetar los partos y no le estrían haciendo un favor a nadie con eso, estarían cumpliendo con su deber ético y profesional.

Parto/nacimiento respetado, ¿un lujo para el bajo riesgo?

Cada vez se escuchan más propuestas de programas institucionales que enmarcan su modelo de atención dentro de lo que sería el Parto Respetado. Por supuesto es alentador que cada vez existan más profesionales que trabajen respetando los derechos de la mujeres y aggiornándose a lo que dictan las evidencias científicas y sociales; de hecho no solo es alentador, es lo que corresponde. Sin embargo, vemos con preocupación que solo se trate de programas a los que pueden acceder mujeres sanas, con embarazos y bebés sanos. El subtítulo sería "trabajamos como corresponde si sos bajo riesgo, sino te pasamos por arriba"

El problema no son los programas en sí sino la creencia cultural generalizada de que el Parto Respetado es el lujo de aquellas que tienen la fortuna de estar dentro del grupo del *bajo riesgo*. Otra vez el problema lo tenemos las mujeres descarriadas que no nos adaptamos al manual y no las instituciones que asisten sin respetar derechos excepto destacadas y plausibles excepciones. El Parto/nacimiento Respetado no es un modelo ni una opción dentro del menú. Ni para la mujer, ni para el profesional, ni para las instituciones. ¿Parto Respetado puede ser una cesárea electiva? Sí, si es lo que la mujer con información completa, verdadera y suficiente elige. Es verdad que en general lo que se busca es preservar la fisiología y no intervenir pero eso aplica para lxs profesionales e instituciones, no para la mujer que tiene la libertad de tomar decisiones genuinas.

Si bien es cierto que según estadísticas de la OMS se considera que el 85% de los nacimientos son de bajo riesgo y podríamos empezar por garantizar el *respeto* en todos estos casos, no es real que al Parto Respetado solo sean candidatas las mujeres de bajo riesgo y las otras no

¿Sería como un castigo? ¿Me lo merezco por presentar complicaciones? ¿Mi estado de salud te da derecho a avasallarme? El Parto Respetado es un derecho de todxs y los derechos no los perdemos cuando tenemos complicaciones. Que de antemano se necesite una intervención no da vía libre para el resto de las intervenciones de rutina.

Es real que el modelo de atención intervencionista y medicalizado es el hegemónico y por ende el que aprende y replica la mayoría de profesionales, lo que se traduce muchas veces en una incapacidad para asistir de otra manera y requiere mucho compromiso desaprender tanta costumbre e interiorizar otro modelo de atención, que no solo es técnico y médico, sino también social. Más difícil es aun, ante un parto que sí requiere intervención, determinar hasta dónde es necesaria y cuándo empieza a tratarse de intervenciones de rutina para, en medio de la complejidad, respetar el protagonismo de la mujer, mantenerla informada y obtener su consentimiento. Si las mujeres sanas somos consideradas pedazos de carne a los que se puede intervenir indiscriminadamente, quienes presentan patologías directamente se transforma en la obra de arte del/la profesional, el caso raro con el que hicieron el milagro que lxs convirtió en héroes.

Es hora de cuestionar todo el modelo de atención perinatal hegemónico. Las mujeres y nuestrxs hijxs no somos merxs candidatxs a un nacimiento respetado, no tenemos que portarnos bien para que nos premien con respeto. Son lxs profesionales y las instituciones lxs que deben garantizar el respeto de nuestros derechos sexuales y reproductivos, aunque nosotras mismas los desconozcamos, aunque requiramos alta complejidad en la atención. Es su deber y nuestro derecho, un derecho humano y no un favor o una mercancía.

5. MIEDO Y SUBORDINACIÓN, UN MODELO DE ATENCIÓN

Mecanismos de control y dominación

Aún arden las hogueras en las que fueron quemadas las parteras y curanderas, mujeres sabias que intentaron preservar el control sobre sus cuerpos. La caza de brujas no fue una cuestión religiosa, fue un gigantesco operativo de dominación para socavar la autonomía de las mujeres y su capacidad de decidir por sí mismas sobre su salud sexual y reproductiva.

Muchos siglos han pasado desde la última "bruja" quemada, sin embargo, la batalla por el control de nuestras vidas sigue vigente y la caza de brujas continúa. Se han construido nuevos mecanismos de dominación, tan perfectos y socialmente legitimados que los perdemos de vista, pero somos hembras pariendo en cautiverio, atravesando una tortura que pasa desapercibida. Una farsa de la que participamos por igual mujeres, profesionales de la medicina y el resto de la sociedad, un sistema perfectamente introyectado en nuestros cuerpos y en nuestro sentido común.

Enfermedad, riesgo, muerte

Desde el inicio del embarazo somos tratadas como enfermas. Siempre hay algún estudio que hacer, alguna pastillita que tomar, un aparatito nuevo, una intervención (in)necesaria más o menos invasiva y moderna. Siempre por las dudas, por si acaso, porque cualquier cosa puede suceder. Quienes nos rodean nos llenan de precauciones y prohibiciones: estar gestando nos inhabilita para vivir con bienestar y placer.

Somos pacientes-pasivas de un sistema médico que no nos escucha, que solo presta atención a nuestra debilidad (física, psicológica y emocional), que nos mira con recelo porque todo puede torcerse y hay que estar segurxs (como si de la vida se pudiera estar segurx). La noticia del embarazo, más que hablarnos de nuestra capacidad de gestar vida y parirla, nos transforma automáticamente en *portadoras de criaturas en riesgo*. Así recibimos a nuestrxs hijxs, entre miedos y precauciones. Drogadas y violentadas les damos la bienvenida a este mundo.

Hemos patologizado el embarazo y el nacimiento/parto, hemos convertido un hecho absolutamente natural y sano para el que estamos preparadxs como especie en un proceso enfermo y peligroso, y así como quien no quiere la cosa hemos patologizado también el vínculo fundante de nuestra especie, la díada madre-criatura y la vida en sí misma.

Lo viejo, lo grande, lo poco, la asfixia

Las palabras que usamos no son azarosas y mucho menos inocuas, tienen un peso enorme en la construcción que hacemos de la realidad, y las decisiones que tomamos están también atravesadas por la impresión que el discurso (que no solo es verbal) nos deja en el cuerpo. Sabemos tan poco de la fisiología del embarazo y del parto que rápidamente caemos en la trampa de las palabras y, aterrorizadas, accedemos a intervenciones completamente innecesarias.

Somos víctimas de las etiquetas con las que otrxs nos nombran y describen nuestros embarazos. Lo pequeño nos remite a algo enfermo e insuficiente, no llegamos, no podemos. Lo grande nos hace pensar que traspasamos los límites de lo saludable: somos descuidadas y dejadas, no nos empañamos lo suficiente y aquello que crece en nuestro interior podría rompernos durante el parto. Seremos estrechas aunque antes nos hayan dicho *gordas* y nuestrxs hijxs cabezones y grandes aunque antes los hayan llamado *pequeñxs*. Esta combinación nos hace pensar en resultados nefastos: quedaremos destruidas a su paso y ellxs quedarán atrapadxs en nuestrxs cuerpos.

Pero lo cierto es que si bien la desproporción cefalopélvica existe, se trata de una condición muy rara generalmente asociada a casos graves de desnutrición en la infancia, malformación o accidentes que modificaron la estructura ósea de la mujer. Esto solo puede determinarse durante el trabajo de parto, es decir que cualquier diagnóstico de esa índole previo al trabajo de parto es falso.

También nos encontramos con el discurso de *lo viejo* y *lo poco*, nuestra placenta inconsciente se volverá inservible, al borde del colapso, mientras que el cuerpo será incapaz de producir suficiente líquido y éste será escaso, pobre. La disminución de líquido amniótico, al igual que la placenta que envejece prematuramente, son situaciones que pueden darse y que según el grado y el momento del embarazo podrían ameritar alguna intervención (siempre que esté correctamente diagnosticado). Aunque esté dentro de lo esperable que al final del embarazo la placenta presente cierto grado de madurez y que haya menos líquido, se trata de una de las excusas más frecuentes para realizar cesáreas innecesarias, la sola mención de las palabras *vieja* o *poco* hacen que las mujeres sintamos que estamos ante un panorama de mucho peligro, asociamos *viejo* a algo que no sirve y está por morirse y *poco* a algo insuficiente que está por acabarse. Ante ese panorama es difícil animarse a cuestionar y decidir esperar, se requiere mucha información y confianza en el proceso y en una misma.

Si nada de esto ha ocurrido, sucederá que estemos *pasadas*. "Yo no te espero más". Porque claro, el problema no son los protocolos rígidos sin sustento científico, ni la incapacidad del modelo de atención imperante de mirar caso por caso en vez de homogeneizarnos y convertirnos en una masa uniforme de embarazadas que deben responder a criterios rígidos y universales, el problema somos nosotras y nuestra caprichosa y desobediente fisiología que se niega a iniciar trabajo de parto cuando el sistema médico lo ha establecido.

Las vueltas de cordón y el miedo a la asfixia, un capítulo aparte. Su sola mención hará que estemos dispuestas a lo que sea con tal de evitar las nefastas consecuencias; inmediatamente imaginamos una soga apretando nuestro cuello, nos falta el aire, nos estrangula. Por supuesto, lxs profesionales omiten el pequeño detalle de que lxs bebés no respiran por las vías aéreas ya que durante su vida uterina y durante el proceso del parto lo hacen a través de la sangre que circula por el cordón y que les llega a través de la placenta. Ese es su alimento y su oxígeno. El cordón umbilical está compuesto por una vena y dos arterias; la vena se encarga de transportar nutrientes y sangre oxigenada de la placenta al/la bebé, y las arterias de transportar la sangre no oxigenada del/a bebé hacia la placenta, pero lo más importante a efectos de la asfixia es que están recubiertas y protegidas por una capa gelatinosa fuerte y elástica (la gelatina de Wharton) que es la encargada de evitar que el suministro de sangre colapse, no importa cuántas vueltas dé el cordón o si tiene nudos. Durante nueve meses aproximadamente el/la bebé ha estado moviéndose en el útero de su madre, enroscándose y desenroscándose en el cordón e incluso agarrándolo entre sus manos, las vueltas de cordón no son un problema *per se*, y no representan una anomalía.

Poco, mucho, grande, vieja, lenta, estrecha. El mensaje vuelve a ser que no somos aptas ni para gestar ni para parir. Un mensaje que socava nuestra confianza y nuestra autonomía, y que impactará en el vínculo con nuestrxs hijxs y en nuestra mirada subjetiva sobre nosotras mismas más allá de la gestación y del nacimiento.

El dolor

Parir generalmente duele, ¿cuánto? Depende de cada mujer, de la relación que tenga con su cuerpo, de su estado emocional, de su historia sexual, del ambiente en el que esté, del apoyo y la contención con la que cuente. Sí, duele, pero entre el dolor propio de la dinámica fisiológica del parto y la idea de un dolor insostenible hay muchas películas de Hollywood y un modelo de atención para el que la idea de una mujer desencajada de dolor es absolutamente funcional y conveniente.

Pensamos el parto como un proceso traumático en el que eventualmente la mujer se quebrará ante la intensidad de un dolor penetrante y constante, pero esa es una imagen que responde al modelo de atención dominante y a la manipulación que lo caracteriza. No es lo mismo dolor que sufrimiento, la imagen que tenemos de una mujer sobrepasada pidiendo a gritos que la maten si es necesario para acabar con la experiencia no responde al dolor sino al sufrimiento, y eso es lo que hace que un parto sea traumático e insoportable. Lo más importante es saber que ese sufrimiento no está relacionado con el proceso en sí, no es lo natural, sino que se trata de una realidad impuesta por el modelo de atención dominante. Padecemos los nacimientos porque los atravesamos en circunstancias hostiles que atentan contra nuestra dignidad. El problema no es el parto, es la práctica obstétrica.

Incluso tenemos una imagen distorsionada del dolor. Nos venden un dolor punzante, que no da tregua, que se hace más fuerte a cada segundo, hasta que solo hay dolor. Porque ese es nuestro destino, es lo que corresponde: *parirás con dolor*. Ante este panorama nos entregamos a un modelo que promete (a cambio de obediencia) apurar lo más posible el proceso. Algo así como un sufrimiento atroz pero rápido. Una trampa.

La medicalización en el parto altera el equilibrio hormonal y afecta el desarrollo químico, de modo que el dolor se torna una experiencia efectivamente insostenible. Y cuantos más relatos de sufrimiento extremo escuchamos más dependientes nos hacemos del modelo intervencionista: un círculo vicioso propio de esta sociedad en la que medimos la "calidad" de la atención médica en función de la cantidad de intervenciones y prácticas que se realizan. Nos sentimos más cuidadxs y segurxs cuantas más manos, fármacos y rutinas médicas se despliegan sobre nosotrxs, aunque sean innecesarias, aunque sean agresivas e invasivas, aunque atenten contra nuestro bienestar.

El parto, cuando la mujer es la protagonista, cuando tiene la libertad para expresarse sin tapujos y moverse sin condiciones, cuando sus necesidades, expectativas y deseos son considerados vitales, cuando es ella quien decide y autoriza, cuando el proceso fisiológico y sus tiempos biológicos y psicológicos son respetados, es en realidad una experiencia salvaje, intensa, potente. Contracción a contracción vamos descubriendo todo nuestro poder. Puede doler, claro, e incluso hay momentos en los que sentimos que no podremos, que es demasiado; pero junto a esa experiencia de dolor que parece insoportable hay también mucho placer y calma, y esas son las sensaciones que perduran en el recuerdo. Tu cuerpo está preparado para atravesar la experiencia, podés hacerlo, como lo hicieron todas las mujeres que te precedieron; no estás sola, vas de la mano de tu hijx, juntxs paso a paso, sus organismos profundamente conectados en ese camino que es solo de ustedes, ustedes lo hacen, nadie se los hace, y la certeza de saberse poderosxs y protagonistas lxs va a acompañar para siempre.

El gran monstruo no es el dolor, mucho menos el parto, sino un modelo de atención que no tiene herramientas para sostener la intensidad de la experiencia y que busca, de cualquier modo y a cualquier precio, acallar el despliegue magnífico de energía, poder y sexualidad que implica un nacimiento. La necesidad de construir experiencias tortuosas y traumáticas responde al miedo visceral que para el patriarcado supone una mujer en contacto con tanto poder y libertad. El sufrimiento al que somos expuestas las mujeres durante el nacimiento de nuestrxs hijxs no es otra cosa que un instrumento de poder y dominación.

Emergencia

Cada vez hay mayor conciencia sobre el uso abusivo y rutinario de intervenciones y medicalización, los índices están alarmantemente disparados. Lo más preocupante es que casi todas las mujeres refieren haber vivido alguna situación de emergencia o urgencia durante el parto. Esto, que debería ser suficiente para poner en cuestión todo el modelo de atención, genera precisamente el efecto contrario. Muchas mujeres que han tenido cesáreas, por ejemplo, afirman que se trató de una intervención de emergencia, aunque ni ella ni su hijx hayan estado en riesgo real en ningún momento.

Que la mujer y su entorno sientan que hubo una emergencia y que gracias a la pericia médica están vivxs tiene profundas implicaciones emocionales y psicológicas en la relación de esa mujer con su cuerpo y con su hijx, en sus expectativas frente a futuras experiencias y en el relato que cada niñx construirá sobre su nacimiento. Por supuesto, si esa emergencia coincide efectivamente con la realidad será parte de nuestra historia, pero habría que determinar primero si se trata de una emergencia real producto de las circunstancias fisiológicas concretas o de una emergencia fabricada por una atención intervencionista. En ambos casos, indagar sobre la experiencia y cuestionar aquello que se nos dijo es el camino para desarrollar mayor autonomía frente a nuevas experiencias.

La etiqueta de la Emergencia, una vez más, anula nuestra posibilidad de cuestionar y nos hace entregarnos ciegamente a las disposiciones de lxs profesionalxs. No es casual que tantas mujeres tengamos el relato médico de haber sido salvadas de una emergencia, lo que nos lleva a tomar decisiones basándonos en la sensación de miedo y vulnerabilidad.

Por supuesto que las emergencias existen, incluso en los embarazos sanos y con prácticas obstétricas correctas, pero frente a esas situaciones la respuesta del sistema médico dominante no es brindar herramientas para que la mujer pueda revisar su experiencia, entenderla y descubrir las posibles causas, mirar hacia al futuro con información verdadera y completa y tener un relato fiel de los hechos sino que, por el contrario, lo que obtiene es un discurso que refuerza la idea de que el parto es un proceso patológico del que salimos sanas y salvas gracias al milagro médico.

La emergencia, incluso cuando es real, es solo una circunstancia y los derechos y la autonomía de cualquier mujer deben ser garantizados *en cualquier circunstancia*.

No "colaboré"

Las mujeres cargamos con las heridas invisibles que nos dejaron nuestros partos, están presentes en nosotras, en el vínculo con nuestrxs hijxs y en la percepción que tenemos de nuestra capacidad para maternalxs. Son heridas que nos hacen dudar de nuestro propio criterio y que son absolutamente funcionales a una sociedad que necesita que criemos hijxs para la guerra y la violencia, desoyendo sus necesidades y deseos y, por supuesto, también los nuestros.

Pocas cosas calan tan hondo como la sensación que le queda a una mujer de que su hijx estuvo en riesgo o a punto de morir porque ella *no colaboró y estaba descontrolada, no sabía pujar y hacia las cosas mal*.

"No colaboré" es la frase que suelen repetir las mujeres que por algún motivo no cumplieron las expectativas de lxs profesionales que asistieron el nacimiento de sus hijxs, esas mujeres que no fueron lo suficientemente mansas y obedientes, que osaron expresar sus emociones, jadearon, gritaron, pidieron compañía; esas que tal vez no soportaron estar confinadas en una cama y que desde su reclusión buscaron alternativas o preguntaron lo que quisieron saber. "No colaboré y tuvieron que drogarme", "no colaboré y tuvieron que hacerme una cesárea", "No colaboré y casi nos morimos". Legitimamos la violencia y nos quedamos con el relato de que somos las culpables de aquello que padecimos.

Lxs profesionales de la medicina, en calidad de representantes del estado patriarcal, están habilitadxs para desplegar sobre la mujer todo tipo de conductas aleccionadoras con el único objetivo de conseguir nuestra obediencia, no importa el daño que eso represente, no importa que nos sintamos culpables, negligentes, en falta con nuestrxs propixs hijxs por haber sido débiles y egoístas. Nada de eso importa si el equipo obstétrico consiguió que esa mujer "se portara bien" durante el parto y que la certeza de saberse peligrosa la deje sumisa para entregarse con obediencia a los abusos y la violencia que vendrán: pediatras desactualizadxs y prejuiciosxs y un sistema educativo en el que el esquema seguirá repitiéndose. El nacimiento es un rito de pasaje, un hito inaugural en el que la sociedad patriarcal intenta delinear el único modelo de madre y mujer que admitirá de nosotras.

La locura

Locas por cuestionar, locas por preguntar, locas por decidir, locas por pensarnos más allá de los límites del patriarcado. Históricamente las mujeres que han osado desafiar las normas sociales (en cualquiera de los ámbitos de su vida) han sido tildadas de locas. Un adjetivo que es mucho más que una calificación despectiva y que nos ha costado a las mujeres terapias de electroshock, reclusión, grandes cantidades de fármacos, todo tipo terapias de choque, lobotomías. No es extraño entonces que ante la mera posibilidad de ser llamadas así sintamos un terror ancestral: sabemos cuál es el precio que hemos tenido que pagar por nuestras pequeñas libertades.

El miedo a la locura nos acompaña desde niñas, sabemos que esconde peligros para nuestra integridad. Lo que en los varones es un banal sinónimo de *divertido* o *arriesgado*, en nosotras significa el diagnóstico de una falsa enfermedad mental merecedora de un riguroso control. A las locas se las vigila, se las droga y se las interviene para evitar que su locura se propague. La locura "sin tratar" de las mujeres siempre ha generado fracturas en el *statu quo* y aunque ingresemos a un hospital psiquiátrico para someternos a tratamientos crueles es poco probable que nos curemos. El fantasma de la locura nos sigue rondando, las consecuencias de ser nombradas *locas* nos siguen persiguiendo.

Aunque hemos aprendido a transformar ciertos adjetivos despectivos en el orgullo y la reivindicación de nuestras luchas, cuando lxs profesionales médicxs determinan que una mujer está loca no solo cae sobre ella todo el menosprecio y la soberbia médica sino que los mecanismos de vigilancia y adoctrinamiento se recrudecen. Llamarnos *locas* a las mujeres que cuestionamos el sistema de atención perinatal o decir que nuestras decisiones son una *locura* es una hábil estrategia de control que habilita a lxs profesionales a tomar con mayor firmeza las riendas de la situación, porque claramente (y en esto hay acuerdo social) en manos de la locura no puede quedar la vida ni la salud de una mujer y de sus hijxs. La palabra de/la profesional que nos llama *locas* equivale a un diagnóstico y que diga que nuestras elecciones son una *locura* es suficiente para que se nos considere incapaces de tomar decisiones coherentes. De pronto somos peligrosas, nos miran con recelo y la confianza se transforma en duda y temor; lloverán sobre *las locas* conductas aleccionadoras, comentarios invasivos, manipulación emocional e historias de terror que traspasarán el consultorio médico expandiéndose por la mesa familiar y los encuentros con amigxs. Cualquier tipo de violencia, cualquier atentado a nuestra voluntad y autonomía serán normalizados y legitimados en función de esa *locura*.

El daño más profundo que producen cuando instalan la duda sobre nuestra cordura o las decisiones que tomamos es tal vez nuestro propio temor, ese miedo que nos acompañará en la maternidad y en el vínculo con nuestrxs hijxs. ¿Somos realmente capaces de cuidarlos y tomar decisiones sobre su salud y bienestar?

Nadie pone en duda que estemos capacitadas para ocuparnos solas del 100% de las tareas cotidianas que implica cuidar hijxs. Nadie lo pone en duda porque de hecho se asume que es nuestro programa biológico, lxs niñxs quedan en nuestras manos y se subestima el trabajo y la responsabilidad que eso implica; pero para la toma de decisiones en las que interactuamos con las instituciones (salud, educación, etc.) se nos tilda de locas e incapaces siempre que hagamos cuestionamientos o busquemos para nuestrxs hijxs opciones diferentes a las hegemónicas. Lo que protegen en realidad no es la salud de nuestros hijxs sino la continuidad de su propio poder.

La trampa del consentimiento

El parto es un hecho sexual en el que se ponen en juego todos los tabúes relacionados con la sexualidad y los roles de género establecidos. El lugar socialmente reservado para la mujer es siempre la pasividad y la obediencia: las mujeres nos acostamos, abrimos las piernas y dejamos expuestos y disponibles nuestros genitales. La concesión que nos han dado es la de "consentir", lo cual no deja de ser un lugar pasivo y complaciente; las mujeres no tenemos permitido desear, elegir o autorizar. En el mejor de los casos lo que podemos hacer es consentir.

El consentimiento informado se define como el procedimiento a través del cual el/la usuarix (mal llamadx paciente) del sistema médico deja asentada su voluntad de aceptar o rechazar las indicaciones propuestas por el equipo médico y se supone que para ello se ha garantizado su derecho de acceder a información completa, verdadera, oportuna y ética brindada por el equipo/profesional interviniente. Esta caracterización de la información implica que la persona tiene conocimiento sobre su estado de salud, los pros y contras de los procedimientos propuestos, las alternativas posibles, todo expresado en un lenguaje claro y comprensible, así como la garantía de tiempo para decidir y de una buena atención en caso de negarse a lo que se le propone. En Argentina esta figura está incluida dentro de la ley nacional 26529 de Derechos del/a paciente.

Sin embargo en las instituciones médicas el consentimiento informado no es más que un formalismo, un papel de los tantos que la mujer firma para resguardar a lxs profesionales ante eventuales desenlaces adversos; no es más que un documento que se firma durante el trabajo de parto o de camino al quirófano, una exigencia en el medio de una situación que casi siempre es *de emergencia*. Algunas mujeres incluso cuentan que firmaron hojas en blanco. No hay explicación, ni información, ni tiempo, ni lenguaje claro, se asume que nuestra única posibilidad es acceder. Este hecho no está exento de una gran carga de machismo y misoginia, si hasta en nuestras propias camas lo que nos toca a las mujeres es simplemente consentir, ¿por qué sería diferente en relación a figuras de autoridad y en situaciones de vulnerabilidad y "emergencia"?

Si vamos a la casa de un varón tenemos que "querer" porque sino ¿para qué fuimos?, cuando entramos en una institución médica la lógica es prácticamente la misma: tendremos que acceder a todo y si no tendrán que forzar ese consentimiento, si no ¿para qué fuimos?

A eso le llamamos consentimiento, accedemos porque creemos que no tenemos otra opción, porque le tememos a la violencia que se desencadena cuando decimos que no, porque nos sentimos en la obligación, porque desde niñas nos enseñaron a consentir.

Lo que importa es el/la bebé

Cuando planteamos nuestros deseos o expectativa a lxs profesionales de la medicina o a nuestro propio entorno la respuesta inmediata es: "sí, eso lo vamos viendo, pero lo que importa es el/la bebé". La sociedad patriarcal ha dictado sentencia, el bienestar de las mujeres, nuestras vidas, importan muy poco, somos solo el medio para la reproducción y supervivencia de la especie. Durante los procesos de embarazo y parto recibimos *atención* (que bien podría llamarse intromisión) tanto social como médica en nuestra calidad de envases. El mismo discurso que usan para criminalizar el derecho al aborto es el que usan de manera un poco más edulcorada y sutil para sentenciar a quienes eligen seguir adelante con el embarazo; lo que importa es el/la bebé, importa que nazca, cueste lo que cueste.

Se trata de una maquinaria discursiva que solo es necesario activar con quienes cuestionan el modelo dominante, aquellas que se rehúsan a ser maltratadas e invadidas y a entregar a sus hijxs a la crueldad innecesaria. Tenemos dos opciones: obedecer y entregarnos sin reservas o ser negligentes y egoístas. La virgen o la puta.

La fórmula paternalista que afirma que lo que importa es el/la bebé, además de ser una herramienta para que desistamos de cualquier intento de rebelión, encierra creencias que habrán de materializarse en la práctica obstétrica. Para empezar, evidencia una de las creencias en las que se fundamenta el patriarcado: las mujeres no estamos en condiciones de decidir y elegir informada y responsablemente.

Los deseos, necesidades y expectativas de las mujeres son sin lugar a dudas, a ojos del sistema médico dominante, meros caprichos. Es por esto que las decisiones importantes, las que están en relación con el bienestar y salud de lxs bebés, solo pueden ser tomadas por aquellxs que saben (lxs profesionales de la medicina) y en todo caso consultadas con el padre de la criatura, mientras a nosotras se nos reserva un mundo de decisiones sobre el rosa o el celeste.

Es de vital importancia que el control lo tome el equipo obstétrico, porque el bienestar del/a bebé y el de la madre son antagónicos, para que el/la bebé esté bien, la mujer debe sacrificarse y entregarse obediente y mansamente, aunque eso, irónicamente, signifique también que ese bebé sea víctima de rutinas invasivas, innecesarias y crueles. Desde que somos niñas no solo nos dan bebotes para que cuidemos y aprendamos las labores que nos corresponden, sino que rodean nuestros juegos infantiles de frases y situaciones y nos llenan de imágenes con las que aprendemos que la maternidad es sacrificio, que es lo más hermoso que nos sucederá en la vida, el hito que nos dará sentido y significado, pero que requerirá de nosotras un alto nivel de sacrificio: no hay mejor madre que aquella que puede exclamar "casi me muero cuando te parí". La sociedad nos entrega lo más preciado, su supervivencia, pero a cambio debemos estar dispuestas a morir lenta y dolorosamente en el intento. Por las dudas, por si nuestro adiestramiento no dio los resultados esperados y estamos dispuestas a defendernos, hay una institución que sabrá regresarnos al camino.

Lo mejor para mi bebé

Suele justificarse la gran cantidad de cesáreas y otras intervenciones en el parto (inducciones, epidural y oxitocina sintética, etc.) alegando que somos las mujeres quienes lo pedimos porque le tememos al dolor o porque somos tan modernas que queremos *lo mejor de la ciencia*.

Es cierto que hay mujeres debidamente informadas que eligen genuinamente ciertas intervenciones, y además de cierto es completamente legítimo. Ahora bien, el sistema de medicina privada en Argentina tiene un índice de entre 60% y 80% de cesáreas, el sistema público entre 30% y 40%, hay un 90% de episiotomías en primerizas, 90% de inducciones en ciertas instituciones privadas y 90% de partos conducidos con oxitocina sintética (sin hablar del flagrante *Kristeller*, maniobra prohibida pero de uso cotidiano). Los índices son alarmantes y no se sustentan de ninguna manera en el deseo o la elección de las mujeres. No solo porque, no seamos inocentes, las mujeres no tenemos la potestad de elegir sino porque lo que realmente queremos (y aquello que inclina siempre la balanza) es "lo mejor para mi bebé", un deseo que atraviesa toda etnia, cultura, condición socio-económica, religión y edad. Es ese deseo entrañable que nos une y nos hermana como madres y que hace que nuestras elecciones resulten manipulables. Con información tergiversada, miedos infundados y beneficios enmascarados un embarazo sano termina transformándose en una cesárea innecesaria o en un parto intervenido, no porque elijamos esa cesárea sino porque nos hacen creen que así le estamos dando lo mejor a nuestrx hijx. Es una falacia, una excusa manipulada para justificar intervenciones cómodas y beneficiosas para otrxs. Escuchamos que se defiende el legítimo derecho de la mujer a elegir una cesárea programada o una inducción sin necesidad de justificación médica, pero nunca escuchamos este discurso al servicio de una mujer que ha elegido un parto fisiológico en el que se respeten sus tiempos; solo aplica para aquello que es beneficioso al sistema médico, maquillado de paternalismo y protección.

Los altos e injustificables índices de medicalización e intervenciones de rutina durante los nacimientos no son producto del deseo caprichoso de las mujeres o de elecciones basadas en información pertinente, sino de un sistema de complicidad entre los intereses de lxs profesionales, las instituciones y los laboratorios. Nuestro legítimo derecho a decidir solo será defendido en tanto nuestra elección beneficie a esta tríada.

La red de sostén transformada en cómplices

Parimos rodeadas, observadas, invadidas, pero, paradójicamente, estamos absolutamente solas.

Las "razones" por las que suelen negarnos el acompañamiento de nuestro entorno van desde cuestiones edilicias y logísticas hasta historias de hombres que se desmayan y a los que hay que asistir o que entorpecen el accionar de lxs profesionales o los agreden. Lo cierto es que, aunque sea su derecho, que una mujer pueda estar acompañada durante el parto es algo librado al azar y supeditado a la buena voluntad de lxs profesionales médicxs.

"Decile que se calme sino la duermo toda", "lo que tu mujer quiere es una locura, hacé que entre en razón", "vas a poner tu mano acá y a empujar fuerte cuando yo te diga", "tranquilo que te la voy a dejar de 15". Entre la obediencia debida que desde chicxs hemos aprendido ante cualquier figura de autoridad, el imponente escenario médico con todo su despliegue, el terror que hemos construido alrededor de los nacimientos y sus emergencias y la legitimidad social de la que gozan lxs profesionales médicxs, en cuestión de segundos y con abrumadora facilidad lxs acompañantes de la mujer quedan convertidxs en testigxs y cómplices de las situaciones de violencia que se ejercen en los nacimientos.

Son ellxs quienes, intimidadxs por el personal médico, terminan convenciendo a la mujer de que acate las órdenes, quienes le piden que acceda a prácticas nocivas para ella y su hijx, quienes con su silencio o su aceptación normalizan la violencia que la mujer está padeciendo, quienes ríen ante los chistes misóginos o incluso realizan prácticas crueles y desaconsejadas como la maniobra de *Kristeller*. El sistema es tan perverso y cruel que es capaz de transformar la red de sostén y amor en un mecanismo de control y obediencia. ¿Es realmente buena suerte que nos permitan entrar acompañadas?

A nuestras heridas y las de nuestrxs hijxs se suma la herida en el vínculo con nuestrxs acompañantes. ¿Qué va a pasar cuando esa pareja, esx familiar, esx amigx descubra que fue su mano, su insistencia, su ruego el que puso en riesgo a esa mujer y a ese bebé, el que legitimó la violencia que ellxs vivieron? Se trata de alguien a quien han transformado en cómplice posiblemente en medio de lo que parecía una emergencia, que no tuvo herramientas para cuestionar y negarse, que pensó que así estaba ayudando o tuvo miedo de que lx echaran si no colaboraba. La estrategia perversa de convertir en cómplices a quienes deberían ser sostén y amparo nos deja aún más indefensas ante el abuso y la violencia, no hay resistencia ni escapatoria posible; se convierte en un hecho de violencia que trasciende el momento del parto, porque luego, cuando lxs profesionales se van a sus casas a reunirse con sus familiares y amigxs, nosotrxs nos encontraremos en la intimidad, testigo-cómplice y víctima.

Conductas aleccionadoras

Demoras injustificadas en la atención, tratos crueles y vejatorios, desestimación de los pedidos y necesidades de la mujer, burlas, sobreintervención como castigo, maltrato psicológico y culpabilizante; estas son algunas de las conductas aleccionadoras que el sistema médico dominante ejecuta sobre las mujeres que considera rebeldes o desobedientes. Las mujeres que deciden abortar, las que eligen partos planificados en domicilio o las que cuestionan o se niegan a la imposición de intervenciones son algunos ejemplos de esa desobediencia y no se trata de esas decisiones concretas, somos peligrosas e insurrectas en la medida en que nos animamos a elegir y esa libertad es la que se pretende criminalizar.

La violencia que se despliega en estos casos no tiene como único blanco a esas mujeres en particular, las conductas aleccionadoras no son prácticas aisladas ejecutadas por algunos profesionales ante el mal comportamiento de determinadas mujeres; se trata de un complejo y eficiente mecanismo de dominación cuya finalidad es impactar en la subjetividad de todas las mujeres y el conjunto de la sociedad. La virulencia con la que se castiga a unas mujeres funciona construyendo testimonios aleccionadores, historias de vida que serán para otras el recordatorio viviente de las consecuencias letales de desobedecer al mandato y al *statu quo*. Un eficaz mecanismo que castiga y amenaza al tiempo que logra que nos resignemos a acatar y obedecer, que nos recomendemos unas a otras mantenernos fieles al orden establecido.

No es necesario dejar que todas las mujeres se desangren sin atención sobre una camilla, ni someter a todas a complejos rituales de tortura psicológica o redoblar los tratos crueles e inhumanos. Basta con realizarlo sobre algunas en determinadas circunstancias para que el resto vivamos con miedo constante a infringir las normas sociales que supuestamente nos protegen del despliegue de la violencia y el castigo. Las conductas aleccionadoras tienen el mismo fin que la tortura política, se ejecutan sobre algunas y controlan y dominan a todas, y tienen la capacidad de convertirnos en cómplices ante el terror visceral de sufrir el mismo destino. Su relato se transformará en el mito urbano, en el "hombre de la bolsa" que usamos entre nosotras para disciplinarnos internamente. Los mecanismos de control se autoadministran por las mismas oprimidas, creando la falsa ilusión de que el castigo es merecido y concreto, y de que es posible escapar de la violencia misógina y machista que el sistema ejerce cotidianamente.

Es el terror a despertar esa ira machista que conocemos bien y desde siempre lo que nos lleva a interactuar sumisamente con el sistema médico dominante. La sociedad patriarcal y misógina no violenta a las mujeres en función de lo que hagamos o dejemos de hacer, sino simplemente por nuestra condición de mujeres y las conductas aleccionadoras son un mecanismo más de la guerra sistemática y sin tregua que hace siglos se instaló contra nosotras. Nuestra libertad y nuestro poder se disputan en nuestros cuerpos, de la violencia machista no se salva ninguna y si pensamos que alguna mujer en cualquier circunstancia *se lo merecía* o que estamos a salvo porque *nos portamos bien* no es porque tengamos una ética o unos principios intachables, sino porque el patriarcado ha operado perfectamente sobre nosotras. Si nos parece que corresponde *que se la banque por haber abierto las piernas, que se desangre por asesina* o *que se joda por hacerse la hippie*, es porque hemos elegido el lado del opresor.

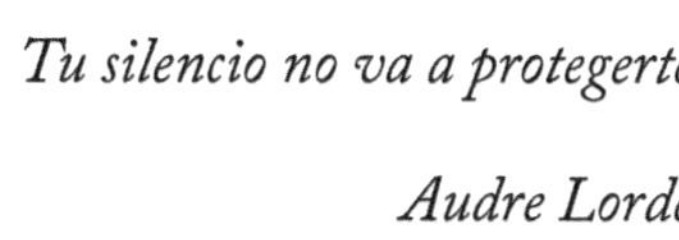

Tu silencio no va a protegerte

Audre Lorde

6. PACIENTE-PASIVA

Lo que está en juego es la autonomía

La maternidad es considerada un designio de género. La maternidad deseada y elegida no tiene cabida porque de hecho no la tiene ninguna de nuestras elecciones ni deseos. La discusión no se agota en si elegimos o no ser madres, hablemos también de cómo queremos vivir la maternidad.

Elegir abortar o elegir las condiciones de nuestros partos no son dos asuntos antagónicos, son dos caras de una misma moneda: estamos hablando del derecho a ser soberanas de nuestros cuerpos y nuestras vidas. No molesta tanto el hecho puntual de un aborto elegido como la flagrante insubordinación que eso implica frente al orden establecido. La misma virulencia con la que se ataca a quien elige interrumpir un embarazo se manifiesta frente a aquellas que eligen para el nacimiento de sus hijxs opciones no hegemónicas, porque una mujer que elige es una mujer que atenta contra el patriarcado.

¿Cómo una mujer que no tiene el conocimiento ni la técnica va a estar en condiciones de elegir aquello que sucede en su cuerpo y en el de su hijx? ¿Para qué estudiaron lxs profesionales si van a tener que servir a los caprichos superficiales de cualquier mujer con ínfulas de superioridad? La autonomía está muy bien para que decida si quiere estar vestida o no, si quiere escuchar música o tener las luces bajas, pero en lo que refiere a las intervenciones, en eso no ¡eso es una aberración! Cerremos entonces la carrera de obstetricia y que las mujeres se las arreglen solas ya que se creen tan autónomas.

Es indignante pero en esto, implícita o explícitamente, pareciera haber un acuerdo. En el fondo acatamos y nutrimos la idea de que las mujeres no estamos en condiciones de hacernos cargo y tomar decisiones, somos siempre consideradas seres inmorales, no en vano la Biblia nos presenta como la fuente de todo pecado.

Tenemos derecho a decidir sobre la vida que estamos gestando. ¿Tienen miedo de que *asesinemos bebés* por el mero gusto de acabar con la raza humana? Pues tendrán que aprender a vivir con ello, porque la potestad sobre nuestro cuerpo y los procesos que atravesamos, sobre nuestra salud sexual y reproductiva y el bienestar de nuestrxs hijxs es nuestra. La sociedad tiene la obligación de generar condiciones propicias para la maternidad y la crianza, mecanismos de protección y cuidado para quienes crían y para lxs niñxs que crecen. Y si es verdad que elegimos acabar con la raza humana, habrá que preguntarse cuánto tiene que ver con ello la violencia y la opresión a la que durante siglos hemos sido sometidas las mujeres y lxs niñxs.

Mamis

Un día confirmás que estás embarazada y en cuestión de segundos perdés tu nombre para pasar a ser simplemente "mami", "mamita", "nena", "gordita". Perdés tu identidad y tu capacidad de razonamiento y por ende perdés el derecho a la información y a que se respeten tus decisiones. De repente somos un cuerpo sin identidad ni historia.

A *Mami*, en el mejor de los casos, se la informa y *Mami* acepta. *Mami* no sabe, no entiende y no hay tiempo ni ganas de explicarle; está embarazada y llena de hormonas y ya sabemos todxs que a las *Mamis* embarazadas hay que hablarles despacito porque de todo hacen un drama, y no hay que darles toda la información porque las *Mamis* son muy impresionables y además tampoco sabrían muy bien qué hacer, para eso están "lxs que saben" a quienes *Mami* mansamente se entregará.

Si nos llamaran por nuestro nombre tendrían que hacerse cargo de que están frente a otro ser humano, con derechos y conciencia. Por eso nos cosifican, prefieren volvernos algo abstracto, una entidad desvalida y frágil con poca capacidad de entendimiento. El uso de sobrenombres y diminutivos es algo que no representa problema alguno en relaciones de confianza y horizontales, cuando surge del cariño en un vínculo recíproco, pero cuando los vínculos son asimétricos (la relación mujer gestante - profesional de la medicina lo es) esto acentúa aún más la asimetría y la relación de poder, no es una inocente "manera de hablar", conlleva un alto nivel de despersonalización, somos siempre una mami más, como la mami que vino antes y la mami que vendrá después. Además es absolutamente unilateral, ¿o alguna mujer le dice nenx, gorditx o doctorcitx, al/la profesional que la atiende?

Así *Mami* y el Dr. con nombre y apellido (y muchos privilegios) interactúan dentro de un modelo de atención que desplaza a la mujer de su rol protagónico deshumanizándola; un sistema que confiere a los profesionales la potestad de disciplinar y aleccionar a las mujeres con total impunidad. En estas circunstancias el uso de sobrenombres y diminutivos es un acto de violencia y de abuso de poder. Obviamente, siempre podrán decir que determinadx profesional no tenía mala intención y que incluso lo hizo para generar un ambiente de confianza. El error aquí sería pensar a la Violencia Obstétrica en términos personales y no como un gran sistema que está en funcionamiento en cada sala de cada institución.

Tolerancia al abuso

Desde niñas somos socializadas para tolerar y naturalizar los abusos de los que somos víctimas. La construcción social en torno a la emocionalidad de las mujeres es que somos frágiles, histriónicas y exageradas. Cuando una niña manifiesta que algún juego, roce, frase o mirada le dolió o la incomodó, la respuesta de su entorno suele ser que está exagerando, que era una cuestión inocente que ella y su emocionalidad exagerada convirtieron en un problema. Con escenas como estas, que se repiten a lo largo de nuestra vida, vamos perdiendo credibilidad en nuestras propias percepciones, apagamos las alarmas porque hemos introyectado la idea de que somos exageradas y nada confiables. Somos entrenadas para desatender la propia emocionalidad al tiempo que aprendemos a leer el estado de lxs otrxs, detectar lo que se espera de nosotras y actuar en consecuencia. Vamos creciendo y un día nos hemos convertido en expertas en naturalizar los abusos que sufrimos, hemos aprendido a confiar más en lxs otrxs que en nuestras percepciones. Y así llegamos a la escena del nacimiento de nuestrxs hijxs, adiestradas para tolerar el abuso y naturalizarlo, para convencernos incluso de que si nos sentimos vulneradas es a causa de nuestra propia exageración y debilidad.

Merecer la tortura

Una mujer embarazada recibe durante todo el seguimiento una larga lista de comentarios y opiniones sin fundamento científico; durante nueve meses esa mujer siente que su cuerpo está fallado, que le hace mal a su hijx, que su bebé sufre por su culpa. Eso es tortura.

Otra mujer sale de la consulta, su bebé está de cola y la indicación médica es una cesárea programada. Basándose en la costumbre o tal vez en la conveniencia personal, el/la profesional le dice que es muy peligroso esperar a que el parto inicie espontáneamente porque el/la bebé podría morir y adjunta la orden de internación. Durante días, posiblemente semanas, la mujer vive aterrorizada, teme que su naturaleza suicida inicie el trabajo de parto y condene a muerte a su hijx. Eso es tortura.

Otra mujer en búsqueda de un PVDC (parto vaginal después de cesárea) recibe por parte del/a profesional obstétricx una sentencia de muerte, le estallará el útero y su hijx morirá en un charco de sangre. La OMS recomienda intentar un parto después de una cesárea, pero el/la profesional cree otra cosa. Y allá va la mujer impregnada con la imagen de la peor pesadilla posible. Eso es tortura.

Una mujer llora desconsolada cada vez que recuerda el parto, ¿cómo puede aborrecer el día del nacimiento de su hijx? Eso es tortura.

Otra mujer evita mirarse al espejo, ya no siente su cuerpo como suyo, ya no puede verse, solo ve su cicatriz y la odia, esa cicatriz que le recuerda que está fallada, que no pudo, que no es capaz. Eso es tortura.

Meses, incluso años después, la cicatriz de la episiotomía molesta e incómoda, tener relaciones con penetración duele, no puede tocarse ni acariciarse sin sentirse rota y cosida como un matambre. Eso es tortura.

¿Fue solo el parto? No, fueron los meses de tortura previos, en cada consulta, cada estudio, cada ecografía. Fueron horas de tortura durante el nacimiento. Y son años de tortura posterior acarreando las heridas de un sistema violento y torturador.

Ante la creciente visibilización de este tipo de violencia ha surgido un discurso social que plantea que las mujeres tenemos los partos o cesáreas que tenemos para poder aprender y crecer. Algo así como que la vida sabe lo que necesitamos para evolucionar y amablemente lo pone en nuestro camino. Parece que hasta "la vida" es misógina y nos regala situaciones de abuso, violencia y vulneración sistemática para que seamos mejores personas. No, no tenemos los partos que tenemos para aprender ni sanar. No hay nada bueno, nada que podamos rescatar de los actos violentos y sistemáticos que padecemos durante los nacimientos. No tenemos nada que agradecer del daño y la vulneración.

Sanamos los nacimientos de nuestrxs hijxs porque no nos queda otra opción, sanamos como podemos porque es una estrategia de supervivencia, es apenas una posibilidad y no el fundamento mismo del abuso que padecimos. Sanamos si podemos y si no fingimos haberlo hecho, porque esta sociedad que nos rompe, si estamos rotas, nos deshecha.

Descartables y sustituibles

Incluso entre las mujeres que hemos tratado de sostener al máximo las necesidades fisiológicas de nuestrxs hijxs, que hemos vivenciado cómo nuestro cuerpo responde con un impulso involuntario a sus necesidades y cómo su cuerpo responde a nosotras de una manera única y particular, hablamos en general de su necesidad de presencia, nutrición y permanencia. Así, en abstracto, como si diera lo mismo que estemos nosotras o cualquier otrx, como si fuera lo mismo cualquier regazo, cualquier voz, cualquier calor, cuando la experiencia (además de la evidencia científica) nos ha demostrado que cada bebé que nace viene preparadx hormonal y fisiológicamente para encontrarse y responder no a cualquiera (ni siquiera la construcción cultural de *la madre*) sino a ese cuerpo que es su hábitat y su fuente de nutrición y sostén, a esa relación simbiótica que inició en la gestación y se extiende durante meses, que es determinante en la constitución emocional, psíquica y física de esa criatura.

Estamos tan entrenadas para sabernos prescindibles, para ser humildes y subestimar nuestra propia tarea que incluso en la vivencia profunda de procesos como la gestación, el parto y la lactancia, procesos que suceden en nosotras, a través de nosotras y gracias a nosotras, nos seguimos sintiendo sustituibles y nos negamos, a nosotras y a nuestrxs hijxs, la certeza de ser únicxs e imprescindibles entre nosotrxs y para nosotrxs.

Somos imprescindibles. Esa es la certeza que debe acompañarnos siempre y que debemos replicar. ¡Todas somos imprescindibles! Nuestra vida, nuestra presencia, nuestros aportes, nosotras, todas y cada una, somos importantes e insustituibles. Asumámonos imprescindibles, que lo sepan nuestras hijas, que lo griten con orgullo. Rompamos con la cadena de la modestia funcional a un sistema que nos mata y nos violenta, que nos entrena para sentir que si alguna vez no volvemos no importa.

Víctimas, culpables y responsables de la violencia

Vivimos en una sociedad que nos violenta sistemáticamente, el sistema médico dominante no es una excepción sino tal vez uno de sus exponentes más perversos. Somos socializadas y adiestradas para generar situaciones favorables a esa violencia, para disponernos a la violencia e incluso naturalizarla.

También en la lucha por la erradicación de la violencia obstétrica, como en todas las violencias machistas, los opresores-violentxs ostentan privilegios mientras que a las mujeres se nos imponen exigencias. Se nos exige, por ejemplo, que nos informemos para evitar la violencia, que vayamos con la ley en la mano y nos hagamos respetar, que nos cuidemos, que aprendamos a defendernos, que evitemos cualquier cosa que pueda despertar la violencia patriarcal, que hagamos labor pedagógica con lxs profesionales médicxs y que, por supuesto, hagamos todo esto sin perder las "cualidades femeninas", siendo buenas, dulces y empáticas. Hay quienes incluso pretenden que busquemos aliadxs dentro del sistema aunque para sostener esas alianzas tengamos que hacer concesiones sobre nuestros cuerpos y nuestra integridad.

Lxs profesionales de la medicina tienen el privilegio de ser justificadxs y socialmente defendidxs, pueden tomarse el tiempo que necesiten para revisar sus prácticas (como si no siguieran violentando partos mientras tanto), pueden descansar en la tranquilidad de que el problema no es con ellxs porque no se reconocen como violentos y están seguros de que sus intenciones siempre son las mejores y además sus condiciones de trabajo son penosas y algún/a que otrx usuarix lxs ha "violentadx" también; tienen el privilegio de ser excusadxs por sus colegas cómplices, avaladxs por la corporación médica, aplaudidxs por los laboratorios, exoneradxs por la justicia y legitimadxs por la sociedad.

Cada uno de sus privilegios, ya sea por acción u omisión, es un golpe descarnado y directo de la violencia y la opresión que recae sobre nosotras, es el encarnizamiento brutal sobre nuestros cuerpos y nuestra salud sexual y reproductiva. Para nosotras, juicios de valor y una larga lucha repleta de exigencias; para ellxs, el privilegio del tiempo, de la duda, de la indiferencia y del silencio.

Con el enemigo adentro

Desde niñas se nos clasifica como si fuéramos objetos, se evalúa nuestra disposición para amoldarnos a los mandatos hegemónicos y así nuestra personalidad se va configurando en función de la aprobación o el rechazo externo. Dentro de este complejo entramado nuestros cuerpos se transforman en un campo de batalla y un territorio en disputa; son moldeados y educados para responder a estereotipos, son sometidos a un férreo control social que condiciona nuestra manera de movernos, percibirnos, alimentarnos, etc. Con el tiempo aprendemos a odiarnos, un odio sostenido y encarnizado hacia ese cuerpo que nunca alcanza y al que tenemos que vigilar para que se ajuste a los estándares de belleza y a los roles que se nos imponen.

Llega un momento en el que ya no son necesarios los mecanismos externos de control y vigilancia, ya los hemos interiorizado, vivimos con el enemigo adentro y nos miramos con los ojos de una cultura patriarcal y misógina, creemos que esos ideales de belleza y salud son realmente nuestros. Nos convertimos en nuestro propio opresor. Aprendemos a mirarnos con recelo y desconfianza, nos escondemos detrás del maquillaje, nos disimulamos bajo la ropa, nos movemos del modo que sabemos que nuestros "defectos" se notan menos: nos transformamos en cuerpos complacientes y disponibles para el deseo y las expectativas ajenas. Así nos encuentra la maternidad, con la certeza de que nuestros cuerpos son insuficientes y deben ser milimétricamente vigilados para no generar grandes problemas. Ser pesadas, medidas, escudriñadas, pinchadas, intervenidas, observadas, puestas a prueba, estudiadas una y otra vez sin que importe cómo nos sentimos no nos genera la más mínima extrañeza, toda nuestra vida nuestros cuerpos han sido sistemáticamente evaluados y clasificados. Desde chicas hemos aprendido que es indispensable que se nos vigile y aleccione. Ante situaciones de violencia obstétrica acallamos la sensación de haber sido maltratadas y nos conformamos con la falsa certeza de que "nos salvaron la vida", esperamos el veredicto de lxs profesionales para determinar si tuvimos un "buen parto" gracias a su buena atención o un "mal parto" producto de nuestra desobediencia y nuestra biología insana. Si bien nos han hecho creer que la maternidad nos confiere cierta permisividad en relación a nuestros defectos, en realidad con la maternidad aparece un nuevo estándar al que tampoco llegaremos jamás y que impondrá sobre nosotras nuevos mecanismo de control y castigos que serán debidamente autoadministrados.

Vivimos con el enemigo adentro, con un macho depredador interno que permanentemente nos recuerda nuestro lugar de opresión, nos obliga a mirarnos con recelo y desconfianza y nos impone conductas represivas y sanciones que atentan contra nuestro bienestar ya sea en pos de ser "hermosas", estar "sanas" o atravesar nuestros procesos sexuales y reproductivos de un modo "seguro".

La obligación de escindirnos

Llegamos la institución médica entre nerviosas y emocionadas, con algo de miedo. Llevamos una vida entera de expectativas edulcoradas en relación a ese día: *el parto es la única cita a ciegas donde conocerás al amor de tu vida.* Entramos a la institución y rápidamente nos encontramos con que el que creíamos que sería el *día más feliz* será un episodio traumático. La cita a ciegas es con la crueldad, con una cadena interminable de sucesos en los que vamos perdiendo nuestra condición de sujetas de derecho, perdemos nuestra voz y nuestro cuerpo, ya no somos nuestras, ya no es nuestro día. Somos suyas, es su día, es el parto que ellxs hacen.

Entonces las mujeres nos vemos forzadas a poner en marcha uno de nuestros principales mecanismos de supervivencia: la posibilidad de no estar, de evadirnos, de escindirnos. En esa sala de parto, en ese quirófano, nos vamos de nuestro cuerpo, nos despegamos de la situación para poder sobrevivir a ella, no soy yo, no es mi cuerpo, esto no me está pasando a mí. Vivimos ese día tan esperado deseando con todas nuestras fuerzas no estar ahí. Las mujeres hemos aprendido a evadirnos de nuestra propia vida para poder sobrevivir al mundo que nos rodea.

El patriarcado, prolijamente introyectado en nosotrxs, hace que la culpa por no sentirnos felices sea más fuerte que la conciencia del horror que hemos vivido. Y enterramos aquella vivencia, la adornamos de normalidad, la llenamos de excusas, la transformamos en el relato de un parto común y corriente. Y si eso no funciona, nos tranquilizamos pensando que es una felicidad que requiere sacrificio y dolor, que no podemos merecer tal *bendición* a cambio de nada.

Y un día llega el primer año de nuestro hijx y el mundo se viene abajo. En medio de los preparativos, la torta, el festejo, las felicitaciones, los recuerdos hermosos de lo que ha sido ese año y las anécdotas graciosas, aparece el sabor amargo, el dolor de panza, los recuerdos que nos asaltan, las preguntas que siguen sin respuesta. Las cicatrices abiertas de aquel día no nos dejan respirar y la culpa nos atenaza, ¿cómo puede ser que pensar en el nacimiento de nuestrx hijx nos traiga un dolor tan profundo y un miedo tan visceral?, ¿cómo puede ser que en las noches de teta y arrullos nos ataque el recuerdo de esa pesadilla que fue su nacimiento? El registro corporal, tangible, preciso, se hace carne y aparecen las voces, los olores, los gestos, incluso los detalles más nimios cobran una importancia enorme, el contacto frío con el material quirúrgico, la luz en los ojos, las conversaciones sobre fútbol, trámites y vida personal de lxs profesionales, la sensación de las ataduras en los tobillos o las muñecas. Lo que no dijiste, lo que quisiste gritar pero no encontró voz, lo que aullaste y nunca fue escuchado. Y otra vez la culpa, ¿por qué no soy feliz?, ¿por qué no puedo olvidar y seguir adelante si total estamos "sanxs y bien"?, ¿qué clase de madre soy?

En un acto esquizofrénico y desesperado nos vemos en la obligación de separar el nacimiento de nuestrxs hijxs del parto o cesárea que hemos atravesado. El nacimiento de nuestrxs hijxs se convierte en un hecho abstracto que generalmente se materializa horas después del nacimiento real cuando al fin podemos reencontrarnos en la intimidad, rotxs pero juntxs. Habremos de poner voluntad para tejer el vínculo y la alegría que la atención obstétrica acaba de romper.

No vivimos un parto, vivimos una violación socialmente legitimada y silenciada. Somos felices, sí (siempre y cuando hablemos de maternidades elegidas y deseadas) porque nuestrxs hijxs han nacido, pero el proceso que los trajo hasta nosotras no podría ser más aterrador. Y no porque *parir* lo sea, sino porque la obstetricia dominante ha determinado la obligatoriedad de un proceso cargado de violencia y crueldad. Y una vez más tenemos que desplazarnos de nosotras mismas, de nuestras vivencias, de nuestros cuerpos, dejar de habitarnos para poder sobrevivir.

Yo quiero un parto natural siempre y cuando mi bebé esté bien

¿Qué lleva a una mujer a hacer esta aclaración? El lenguaje no es azaroso, expresa una estructura de pensamiento profundamente arraigada. Desde niñas somos socializadas en la creencia de que nuestros deseos no son más que caprichos y llegamos a la vida adulta sin saber qué es lo que deseamos y con terror de descubrirlo. Cuando empezamos a intuir que tenemos deseos y necesidades concretas para nuestros partos sentimos la necesidad de demostrar que entendemos a cabalidad que aquí *lo que importa es que el bebé esté bien*, que aunque tengamos expectativas propias estamos preparadas para ser buenas madres y que seguimos estando dispuestas a obedecer y acatar sin chistar aunque nos hayamos informado para plantear nuestras demandas. ¿Cómo asumir lo que deseamos y necesitamos sin sentirnos egoístas y negligentes? Nos sentimos en la obligación permanente de demostrar que somos dignas de confianza, que reconocemos nuestra debilidad y podemos hacerle frente, y aún con una voz que nos grita desde adentro que aquello que se nos impone es violencia y abuso aceptaremos las condiciones para demostrar nuestra valía materna, para eso hemos sido educadas.

Obviamente, desde el desconocimiento, el miedo y la información sesgada o tergiversada, las mujeres podemos tomar decisiones que vayan en detrimento de nuestro bienestar y el de nuestrxs hijxs, pero no hay capricho o superficialidad en ello, son decisiones mediadas por el deseo de darles a nuestrxs hijxs lo que creemos que es mejor. Gran parte de esas elecciones que nos ponen en riesgo son responsabilidad directa del sistema médico dominante, sus prácticas rutinarias, invasivas y nocivas, su paternalismo, su tendencia a priorizar la comodidad y necesidades de lxs profesionales por encima de la de lxs usuarixs y su inclinación a retacear información para poder seguir detentando el poder.

Pero seguir sosteniendo de manera más o menos consciente que las mujeres, por el mero hecho de serlo, tenemos la tendencia a tomar decisiones caprichosas y egoístas, razón por la cual debemos demostrar permanente nuestra valía materna y nuestra racionalidad, es seguir perpetuando una visión misógina y machista, que demuestra hasta qué punto hemos introyectado al patriarcado.

Animarse a preguntar

La información es poder, sin duda. Pero no alcanza con disponer de ella, es indispensable sabernos protagonistas, asumir la responsabilidad y el poder que tenemos, asumir que el parto es nuestro, en su totalidad, y que las decisiones que nosotras tomemos son lo que importa ante todo.

Las mujeres seguimos tratando de *portarnos bien*, tratando de saber qué hacer para tener un parto de libro. Y en vez de cuestionar, negarnos, exigir e incluso denunciar, volvemos a caer en la trampa. Aunque tengamos información disponible para saber que nos mienten, que tergiversan lo que nos dicen, que manipulan la información o que toman medidas caprichosas, terminamos pidiendo consejos para evitar lo que el sistema patologiza pero es completamente posible y normal, cediendo a sus intervenciones porque para qué ponernos en contra al médico, o recomendándonos entre nosotras no entrar en negociaciones o quedarnos con tal profesional porque por lo menos *te trata bien*. Seguimos operando bajo el paradigma de "hacer las cosas bien" y congraciarnos con el sistema médico.

Aunque sabemos que nos roban el parto y avasallan nuestra autonomía, aunque nosotras y nuestrxs hijxs llevamos las heridas indelebles de toda la violencia que el sistema ejerce, elegimos no confrontar y seguir cumpliendo con las expectativas y las demandas de otrxs. Siglos de patriarcado a cuestas, no somos culpables, pero tenemos la fuerza y el poder para cambiar la historia y nosotras y nuestrxs hijxs nos lo merecemos.

Estamos atravesadxs por las imágenes de los partos Hollywoodenses y los relatos familiares que se repiten una y otra vez y van sentando las bases de lo que normalizaremos como partos posibles: el sufrimiento, la intervención, lxs médicos que nos roban nuestros partos y se transformar en héroes.

Es entendible que con este bagaje no nos animemos a preguntar mucho: mejor ir sin saber los detalles y no sufrir anticipadamente si total es ineludible, es lo que toca, es lo que siempre ha sido y lo que siempre será. Confiamos en que otrxs saben y es a ellxs a quienes les compete elegir y decidir por nosotras. Y así, nos dejamos increpar, nos dejamos intimidar e infantilizar; debemos pasar la prueba, portarnos lo suficientemente bien para que el profesional nos elija y nos haga el honor de *hacer* nuestro parto. Hemos invertido el orden de las cosas y parece que vamos a la consulta obstétrica para que nos aprueben y nos feliciten o para que nos digan qué van a hacer con nosotras y lo aceptemos mansamente.

Las primeras preguntas deberíamos hacérnoslas nosotras. Más allá de lo que nos han dicho, de lo que nos contaron, de los relatos y las imágenes con las que crecimos, ¿qué queremos para nosotras y para nuestros hijxs? Solo sabiendo qué necesitamos y queremos podremos pensar qué elegimos.

Educar al sistema

Sería maravilloso que no tuviéramos que ir a la consulta obstétrica con estudios, cifras y estadísticas, dispuestas a cuestionar lo que nos ofrezcan. Sería maravilloso que el respeto de nuestras decisiones fuera la norma. Pero no lo es, lo sabemos y no podemos contar con la suerte o la buena voluntad. La información es poder. No podemos decidir si no conocemos las verdaderas opciones, no podemos hacer valer nuestros derechos si ni siquiera sabemos cuáles son.

Es muy curioso que para pintar una pared hagamos varios llamados, conozcamos distintos pintores, pidamos presupuestos y referencias pero muchas veces elijamos al obstetra porque queda cerca o tiene un lindo consultorio sin averiguar lo mínimo e indispensable: bajo qué modelo asiste, cuáles son sus negociables y sus innegociables, cuál es su modo de asistir frente a posibles situaciones emergentes.

Desafortunadamente, a veces la información, la convicción y las decisiones conscientes no alcanzan, muchas veces las mujeres y bebés igual terminamos violentadxs, intervenidxs innecesariamente; justamente por eso mismo hay que exigir, cuestionar, indagar, cada vez más y cada vez con más fuerza, hay que educar al sistema y abrir camino para las generaciones que vienen. Como sociedad nacemos y parimos con cada nuevo ser que llega, con cada mujer que se abre a la vida.

El relato del otro

Crecí escuchando cada cumpleaños donde estábamos hace tantos años a esa misma hora. Recuerdo el relato *en detalle: a esta hora me desperté con contracciones y tu papá y yo nos abrazamos, a esta hora caminaba por el pasillo de casa y chocaba con un adorno colgado del techo, a esta hora llegó tu abuela me dijo "hija, nosotras parimos rápido", a esta hora me metí a bañar ante la insistencia de tu abuela y rompí bolsa. Así hasta que entraban en la institución y el relato se cortaba. Ya no era un recuerdo fluido, sino como retazos de algo visto con otros ojos: me dijeron, me acostaron, me hicieron. Un relato que ya no era nuestro, ni mío, ya no era mi nacimiento sino tan solo un nacimiento y carecía de todo color y poesía. Tardé años en entender qué me pasaba con esa parte del relato, era como si dejara de escuchar. Hasta que mi madre empezaba a relatar el momento en el que lxs tres estábamos por primera vez solos en la habitación y ahí volvía la magia. Tuve que atravesar los nacimientos de mis dos hijas, leer relatos y escuchar testimonios para poder entender.*

Cuando el trabajo de parto inicia, si la mujer no está en su casa querrá volver inmediatamente a ella, el instinto de hembra la lleva a su madriguera. En su espacio inicia el camino al encuentro. Durante ese tiempo de intimidad en su casa, sostenida por sus afectos, la vivencia estará centrada en ella, en lo que hace, lo que siente, lo que necesita, en cómo se percibe y cómo vive lo que le sucede. Un relato en el que luego resonará la palabra *yo*: yo hice, yo sentí, yo me moví, yo quise. Fui yo, pasó en mí y gracias a mí.

En algún momento esa misma mujer decide, generalmente mediada por la presión externa (una familia que pide, un/a profesional que dice que es el momento) ir a la institución. A partir del instante en el que traspasa el umbral de la institución médica, la vivencia dará un vuelco dramático, el *yo* se diluye, ella desaparece incluso para sí misma y da paso al relato de otro. Me hicieron, me dejaron, me pusieron. Ellxs, ellxs, ellxs. Un cuerpo disponible y expuesto para que otrxs hagan y sean protagonistas.

El modelo perinatal dominante se apropia del cuerpo de las mujeres y de sus hijxs, interviniéndolos de manera rutinaria, usándolos como el escenario de despliegue de su saber, pero se apropian también de su vivencia, de la consciencia de su propia experiencia vital. Despojándola de toda identidad, participación activa y capacidad, la convierten en parte de la decoración, la hacen invisible incluso para sí misma. Esa es la herida que años después sigue supurando, la que se hace vacío en los relatos. Tu parto ya nunca volverá a ser del todo tuyo.

Con el enemigo al lado

Escuchamos con frecuencia testimonios de mujeres que relatan con dolor y desesperación la falta de apoyo de sus compañerxs en la búsqueda de partos respetados. "Es el/la hijx de lxs dos, hacé lo que quieras con tu vida, pero con mi hijx no juegues", como si una mujer, esa que tiene rostro, nombre y una historia compartida, pudiera poner deliberadamente en riesgo la vida de su hijx por cumplir un sueño tonto. Como si esa mujer con la que han elegido ma/paternar no fuera lo suficientemente responsable para cuidar a esx bebé.

Más duro aún es escuchar cuando un/a compañerx minimiza las huellas que las intervenciones dejaron en el cuerpo de su pareja, dando por sentado que tiene que soportarlas porque ese es el precio de la maternidad.

¿En qué otra situación alguien aceptaría sin cuestionar este nivel de invasión y violencia en el cuerpo de su pareja? ¿Qué lleva a una persona a pensar que la mujer con la que ha decidido formar una familia está dispuesta a tomar decisiones que pongan en riesgo su vida o la de su hijx por capricho? El embarazo no es un rapto de locura, las mujeres no estamos desquiciadas mientras gestamos.

Es el patriarcado el que habla por sus bocas, ese que desde chiquitxs nos enseña que las mujeres no somos aptas y que nuestros compañeros, el Estado y/o lxs profesionales tienen el deber y el derecho de tutelarnos, aunque eso signifique vulnerar nuestra voluntad. Hablan repitiendo el discurso patriarcal que nos roba nuestra soberanía y usa a nuestro propio entorno para perpetrar el crimen.

No basta con decir "¡vamos a ser ma/padres!" y emocionarse ante una ecografía, ir juntxs a algunas consultas obstétricas y hacer planes para cuando el/la bebé nazca o jugar al compañero perfecto que cumple todos los antojos y "caprichos" de la mujer embarazada, si el rol que van a desempeñar es el de acallar nuestros deseos y necesidades, subestimar nuestras decisiones, aliarse con el sistema médico dominante en detrimento de nuestro bienestar y naturalizar las violencias que se ejercen sobre nosotras.

Las dudas, los miedos y las preguntas son bienvenidas, no se trata de decir a todo que sí, se trata de compartir la búsqueda. Nosotras también vamos a tientas buscando el camino (el nuestro, no el que nos imponen), tratando de desterrar el miedo que siglos de hegemonía médica nos ha dejado en el cuerpo. Nosotras también dudamos y nos debatimos, nos preguntamos por qué se nos ocurrió ponernos a *cuestionar lo incuestionable*, pero por respeto y amor a nuestrxs hijxs y a nosotras mismas nos hemos sacado las vendas con toda la valentía de la que somos capaces, porque a fuerza de poner el cuerpo hemos aprendido que la entrega sumisa que se supone que es por nuestro bien se paga con dolor y con violencia. Escúchennos, desafíen al patriarcado, atrévanse a respetar nuestra voz, asuman que es nuestro cuerpo y por lo tanto es nuestra decisión.

El impacto del parto en la pareja

¿Es importante, necesario o contraproducente la presencia del compañero varón (si hubiera) en el parto? Es un tema que suele generar controversia y que, por supuesto, suele verse desde la perspectiva del varón: si es importante o no para él, si lo impactará de manera positiva o negativa, si reforzará su vínculo con su mujer y su hijx, etc. De hecho no existe tal controversia cuando se trata de una pareja de dos mujeres aunque por supuesto se priorice también la comodidad del equipo obstétrico y los protocolos institucionales. Una vez más la mujer queda invisibilizada en la ecuación, si ella estuviera en el centro no habría duda alguna: ¿la mujer desea compañía? Entonces es bienvenida e importante. Si no, no lo es.

Para parir las mujeres se adentran en un territorio desconocido que en general las conecta con el instinto, la fuerza, lo salvaje, ¿cómo soltar el miedo a semejante nivel de vulnerabilidad y fragilidad, a tanta exposición y desnudez?, ¿cómo confiar en que cuando cierran los ojos en cada contracción para adentrarse en esa realidad paralela sin tiempo ni espacio el mundo que conocen sigue existiendo?, ¿quién mejor que la/s persona/s en las que cada mujer confía para ser ese hilo de Ariadna que permite adentrarse en cada contracción con la certeza de encontrar siempre el camino de regreso?

La imagen entrañable y hermosa de la pareja que sostiene a la mujer en el trance del parto, que le da confianza y la alienta a ir cada vez más lejos es posible cuando hablamos de partos en los que ella es la verdadera protagonista y sus derechos están garantizados, pero ¿qué pasa con la presencia de la pareja cuando hablamos de partos intervenidos y atravesados por la violencia? Devenimos ma/padres en entornos hostiles, en un sistema construido a espaldas de las necesidades físicas, emocionales y psicológicas de las mujeres, sus hijxs y sus familias. En los partos institucionales la pareja no existe, salvo que se requiera su presencia para doblegar la voluntad de la mujer o incluso para ser el brazo ejecutor de la violencia.

Por razones de protocolo, instalaciones, costumbre, prejuicios sobre la capacidad de la pareja de acompañar sin desmayarse, *Mami* es aislada de todo lo que es familiar y confiable para ella, queda aún más vulnerable y desprotegida, sin una red que le permita saltar confiada al vacío sabiéndose a salvo. Mientras, su compañerx se queda en la sala de espera, solx y perdidx, sintiendo que nada tiene que ver con la vida nueva que llega y que solo le corresponde una bienvenida formal a ese bulto de frazadas que unas manos desconocidas le acercan para volver a llevarse enseguida. Desconectadxs, como dos islas solitarias, se convierten en ma/padres viviendo dos desenlaces distintos de una historia que iniciaron juntxs. Estas parecen ser las dos opciones: ser testigos y cómplices de la violencia que se ha ejercido sobre sus compañeras o ser personajes ajenos que desconocen todo sobre el nacimiento de sus hijxs. ¿Cómo reencontrarse después eso? Lejos de resignificarse como compañerxs en esta nueva etapa, han inaugurado así la ma/paternidad, comienzan el camino de la crianza con esta herida a cuestas.

Un parto en el que la mujer y su hijx han sido lxs protagonistas y en el que sus necesidades y elecciones han sido respetadas une a la pareja en la fiesta y la celebración de la vida. En esos casos la vivencia interna de la mujer y la experiencia externa de la pareja es la de ser/ver una mujer que ha descendido hasta lo más profundo de sí misma, en contacto con su cuerpo, consciente de su valor. Pero un parto violentado nos une en el dolor, en la herida de haber vivido y permitido la vulneración. En uno de los escenarios podemos hablar del/a compañerx que es sostén y brújula del viaje, en el otro de un bastión de defensa de guerra.

7. LA IMPUNIDAD DEL AMBO

Primun non nocere

Este famoso lema de la ética médica se traduce como *Ante todo no hacer daño*. Intervenir, actuar, aparecer solo si los beneficios son más consistentes que el posible daño. Esta frase confirma la certeza que tienen de su potencial y abrumadora capacidad de dañar.

Existen tres motivaciones principales que, a grandes rasgos, impulsan el ingreso a la facultad de medicina:

- La vocación de servicio, el deseo de sanar, el sueño de estar al servicio de la comunidad y hacer con su práctica un mundo mejor.

- Las ansias de estudiar y aprender ciencia.

- El *status* social que da el ejercicio de la medicina.

Entre el ingreso a la facultad y el momento en que inician su práctica profesional ocurre la hecatombe, en algún momento extravían el camino y pierden la vocación de servicio y el anhelo por la ciencia. Nadie estudia profesiones médicas con la intención de dañar ni ingresa a la facultad creyendo que unos años después realizará prácticas nocivas y crueles, menos aquellxs que ansían dedicarse a la atención de nacimientos. Sin embargo es lo que suele suceder, el sistema médico transforma a lxs profesionales en el instrumento que hace carne la vulneración, lxs desconecta del amor y la pasión por su carrera. Sumidxs en la exigencia, las noches sin dormir y los libros interminables, en algún momento el deseo de sanar al mundo se opaca y solo importa la larga cadena de patologías y enfermedades. Se convierten en una casta superior en un mundo de enfermxs.

Las prácticas médicas nos transforman en un mero objeto de estudio, nos vemos diseccionadxs, estudiadxs, analizadxs, diagnosticadxs con la misma frialdad impersonal con la que se maneja un cadáver. A cada unx le importan apenas los órganos que corresponden a su especialidad, importa que esos órganos estén relativamente bien y no generen grandes molestias, aunque para lograrlo desajusten todo el sistema e ignoren la integralidad del ser humano que los porta.

Las residencias, las extenuantes guardias y las precarias condiciones laborales refuerzan su distanciamiento emocional, la soberbia que sirve de escudo, la indolencia ante la humanidad que tienen en frente. El sistema médico dominante está construido en base a un modelo militar, quienes ingresan a la facultad se verán en seguida inmersxs en rituales de iniciación destinados a lograr un cuerpo médico compacto y obediente, dispuestxs a seguir las órdenes y los protocolos sin cuestionarlos, un sistema con rígidas jerarquías que no se aparta de su misión: exterminar al enemigo cueste lo que cueste. Ese malévolo enemigo es la enfermedad, la muerte es el gran fracaso, lxs médicxs son el ejército de ataque y nuestros cuerpos son el campo donde se libra la batalla. La táctica para llevar adelante esta cruzada es centrarse en el objetivo final a cualquier precio y no apartarse jamás de los rituales médicos aprendidos. Para ello es imprescindible despojar a lxs otrxs (lxs "pacientes") de su humanidad, convertirlxs en números, órganos, dolencias.

Ninguna de estas condiciones justifica la violencia, pero nos ayudan a entender el molde en el que se (des)forman lxs médicxs. Reencontrarse con las razones originarias que los llevaron a elegir el camino de la medicina les permitiría romper la cadena de opresión y dejar de reproducirla.

La impunidad del ambo

Un/a desconocidx con ambo te mira y sin mediar palabra te saca la ropa, te acuestas y te abre las piernas. Otrx, que te dice *gorda, nena, mamita*, te ordena que te portes bien, se burla de vos por que llorás, hace comentarios denigrantes. Pero tienen ambo, no es para tanto, lxs que tienen ambo estudiaron y saben qué es lo mejor.

Vas a una consulta y salís con una lista de indicaciones: estudios, drogas y tratamientos que no sabés muy bien para qué son ni qué contraindicaciones tienen. Tampoco sabés qué otras alternativas hay. Solo sabés que esa letra ilegible es de alguien con ambo y que entonces lo que dice debe estar muy bien.

Ves un ambo que entra, pone cosas en el suero que está conectado a tu cuerpo, no te dice qué es ni para qué sirve, pero no preguntás, el ambo ya es respuesta suficiente, por algo será, seguramente por tu bien.

Solo ves batas blancas que pasan a tu lado con tu hijx en sus brazos, ¿adónde se lo llevan? No sabés. Pero tiene ambo, tu hijx está en buenas manos, incluso mejores que las tuyas.

Cuando hablamos de atención perinatal las mujeres decimos cosas como que queremos encontrar un/a profesional al/la que podamos *entregarnos y confiar ciegamente*. No hay otras profesiones de las que esperemos eso. Lxs profesionales pueden llevarse un bebé sin dar explicaciones, hacer una intervención sin dar información, recetar, indicar, diagnosticar sin tomarse el trabajo de explicar para qué. Es un vínculo asimétrico marcado por el ejercicio abusivo de poder. No importa que la indicación sea la correcta y el diagnóstico el más certero, eso es atropellar y vulnerar nuestra autonomía y nuestra dignidad.

Cuestionar los privilegios del ambo supone asumir cuál es realmente el lugar de lxs profesionales de la medicina, es entender que las relaciones verticales y jerárquicas en las que lxs usuarixs solo obedecen no pueden ser nunca coherentes con el principio básico de la medicina: *primun non nocere*. Vulnerar la autonomía de una persona es hacerle un daño enorme, aunque en ese proceso mejoren sus condiciones físicas.

Terrorismo psicológico

Es deber legal y ético de lxs profesionales de la medicina brindar información completa, verdadera, oportuna y adecuada, lo que incluye explicar el panorama, dar evidencia científica, explicar los beneficios y perjuicios de todo aquello que se recomienda y ofrecer todas las alternativas. Sin embargo, lo habitual es que lxs profesionales obstétricxs nos digan sutil o explícitamente que si no hacemos lo que ellxs dicen va a suceder una tragedia y se respalden en estadísticas terroríficas y descontextualizadas. Esto no favorece la toma de decisiones: una mujer que elige desde el miedo no está decidiendo, está reaccionando. Tomar decisiones responsables e informadas implica estar fuera del espectro del miedo. La importancia de la atención obstétrica en particular y la médica en general no radica en el hecho de que la mujer le haga caso al/ la profesional, sino que cuente con su experiencia y sus conocimientos para construir en conjunto procesos de salud y bienestar.

Hay un repertorio de casos-amenaza disponible para cualquier mujer que plantee algo diferente a la recomendación médica ¿Cuál es el fin de aterrorizar a una mujer con esas historias? Solo tiene un sentido: obtener su sumisión y total entrega a todo aquello que el equipo obstétrico indique. Muchos de estos trágicos casos solo han sucedido en la fértil imaginación de lxs profesionales y son fisiológicamente imposibles, pero se convierten en mitos hospitalarios que se transmiten en los pasillos y se van condimentando cada vez un poco más en la boca de quien los reproduce. El fin justifica los medios, importa que acatemos. Cuanto más indefensas estemos, mayor será la sensación de vulnerabilidad, miedo y fragilidad y mayor será nuestra obediencia y entrega. No importa que pasemos el embarazo aterrorizadas, mirando con recelo cada cambio de nuestro cuerpo si con eso se garantiza que seamos sumisas en las salas de parto.

Cuando las mujeres preguntamos sobre la posibilidad de un PVDC no estamos preguntando por el caso de aquel útero que estalló al mejor estilo Hollywood y cuya sangre todavía están limpiando; cuando preguntamos por qué si o por qué no la episiotomía no estamos preguntando por esa madre que supuestamente terminó desangrándose por "hacerse la *hippie*" y a la que se le salieron los intestinos por el desgarro; cuando preguntamos por la Epidural no queremos saber el caso de fulanita que murió de dolor dejando a su hijx huérfano; cuando preguntamos por la vuelta de cordón no nos interesa la historia aquella donde el bebé se asfixió y murió a mitad de camino. Tampoco nos interesan los detalles de la que intentó parir en la casa y le pasó no sé qué tragedia incomprobable o los de la que quiso esperar más allá de la semana 40 y su hijx nació como una momia de película, ni los de aquella que no quiso programar la cesárea y se accidentó llegando al hospital por no ser previsora. No vamos a consultarlxs para escuchar "la increíble y absurda historia de…", para eso miramos una película, pero eso es lo que obtenemos y una vez que nos sembraron el miedo para que accedamos a sus imposiciones es muy difícil liberarse de la trampa.

El miedo nos inmoviliza, lograr que temamos por nuestra vida y por la de nuestrxs hijxs es uno de los mecanismos más eficientes que tiene la obstetricia para lograr que no se cuestione la crueldad de sus prácticas y que incluso la agradezcamos.

¿Cuánto importa la intencionalidad?

Que un acto sea violento no quiere decir que quien lo realiza sea una persona perversa o que tenga intención de lastimar, pero la intencionalidad no minimiza el daño ni disminuye su violencia, una mujer no sufre menos la violencia obstétrica porque quien la ejecute sea un/a profesional desactualizadx o confundidx.

Una de las grandes barreras que encontramos cuando hablamos de violencia obstétrica es la tendencia a asociar los hechos con la calidad humana de quien los materializa. Tenemos profesionales indignadxs que se sienten injustamente acusadxs porque ellxs "no tratan mal a nadie" y personas que defienden al/la profesional de turno alegando buen trato y calidad humana. El término violencia obstétrica no solo se refiere al trato humano, sino también al modelo de atención intervencionista e invasivo. Es violencia obstétrica cualquier intervención que se realice por rutina sin justificación médica y/o autorización de la mujer, por más que nos hayan tratado amablemente.

Lxs profesionales que realizan intervenciones de rutina por falta de actualización o por costumbre, incluso lxs que no pierden con esto su amabilidad, no se sientan identificadxs con este término e incluso se sienten atacadxs cuando lo empleamos. Posiblemente no sean personas violentas, pero el modelo bajo el cual asisten sí lo es y son responsables de eso, parte de su deber profesional es actualizarse y enmarcar su práctica dentro de la ética y la garantía de derechos y ahí es donde la intencionalidad pasa a un segundo plano; están incumpliendo uno de sus deberes, la información y la evidencia están disponibles y es su deber acceder a ella como parte de su ejercicio profesional.

Si bien la intención no es un detalle y no da lo mismo que un/a profesional haga daño a conciencia, ser indulgentes con quienes efectivamente creen estar haciendo lo mejor aunque sus prácticas sean irreparablemente violentas es volver a darle un lugar de privilegio al opresor, es poner el foco en quien realiza el acto violento y no en la víctima que lo padece: una vez más el/la profesional ocupando el centro del escenario y la mujer relegada a un segundo plano. Por mejores intenciones que tenga un/a profesional, la mujer es violentada y es eso lo que deber ser atendido y subsanado.

Necesitamos menos excusas y más acción, las mujeres y lxs bebés no podemos seguir pariendo y naciendo con este modelo que nos violenta y nos maltrata. Mientras se debate y se da vueltas sobre la calidad humana de lxs medicxs, mientras buscamos estrategias para que no se sientan acusadxs u ofendidxs, están pariendo y naciendo en condiciones hostiles seres humanos que quedarán marcadxs física y emocionalmente de por vida.

Resabios del viejo paradigma

Estamos en un momento de transición, caen las estructuras viejas y lo nuevo empieza a emerger; un momento bisagra en el que debemos mantenernos atentxs para detectar cómo en los nuevos discursos y prácticas se enquistan e infiltran resabios de un modelo jerárquico y violento que infantiliza a las mujeres.

Cada vez aparecen más profesionales que asumen el parto en toda su dimensión, como un hecho sexual, íntimo y fisiológico que nos atraviesa como personas y como sociedad; profesionales que van entendiendo cuál es el lugar que les corresponde, que saben que el verdadero poder y protagonismo del parto lo tiene la mujer. Sin embargo, aún se puede encontrar en sus discursos resabios del modelo patriarcal: profesionales amorosxs y respetuosxs que siguen arrogándose el derecho de determinar cómo deben ser los partos y dividiéndonos otra vez entre buenas y mala paridoras. Sigue operando el mismo paradigma pero aggiornado para subsistir. Dicen cosas como que si un parto no dura cierta cantidad de horas ya no es fisiológico y es mejor una cesárea, que tal vez sea porque la mujer lo está trabando; afirman que los mejores partos son los de las mujeres que tienen contacto íntimo con sus parejas (y si no lo tienen algo raro habrá en su sexualidad); que los partos más sencillos son los que no tienen hombres presentes. Una vez más profesionales que intentan imponernos modelos y mandatos. Pero las mujeres pariendo, arrolladoras e invencibles, no cabemos en sus limitados esquemas, no pueden contenernos y sus teorías solo nos reducen y amordazan. Pariendo somos la fuerza de la vida, creativa, caótica y todopoderosa, haciéndose presente, ¿de verdad creen que su racionalidad puede establecer modelos de mejores y peores paridoras?

Cambiaron el manual, pero la lógica es la misma: profesionales que pretenden determinar cómo serán nuestros partos y hacer interpretaciones psicológicas y espirituales de nuestros procesos. El parto no es algo pesable ni medible, es una intensa y poderosa vivencia que atravesamos como queremos, pero sobre todo como podemos, por lo que solo es posible de esa manera y en ese momento. No hay diferencia alguna entre el modelo intervencionista que abusa de rutinas para que los partos calcen en el protocolo y aquel que impone requisitos de carácter emocional y pretende establecer exigencias y deberes: el sistema de pensamiento es el mismo, sus imposiciones son indicio suficiente para comprobar que aún no se han bajado totalmente del pedestal y, en algún lugar subterráneo y menos visible, nos siguen considerando parte del mobiliario de su arte.

A las mujeres nos compete dejar de comprar estos discursos, ponerle límite a la intrusión y al abuso. Tenemos el poder de cambiar la historia. Parimos a la humanidad, no hay manual ni receta que nos contenga.

Justificar la violencia obstétrica

Con frecuencia lxs profesionales pretenden demostrar que la violencia obstétrica es una consecuencia de la violencia institucional de la que ellxs son víctimas. Algunxs incluso consideran que el concepto Violencia Obstétrica debería incluirlxs, no como las personas que la ejercen sino como lxs pobres profesionales que la padecen.

El sistema médico dominante es violento, todxs somos piezas deshumanizadas de un gran mecanismo regido por intereses económicos y de control social que opera día a día violentándonos. El sistema de guardias y residencias, el tiempo de atención a cada "paciente", la exigencia de resultados e incluso la formación que reciben es violenta. Pero aclaremos los tantos, eso no es violencia obstétrica ni los excusa de ejercerla, lo que lxs profesionales de la medicina (y lxs usuarixs también) padecen se llama violencia estructural, que es la que ejercen las instituciones, organizaciones y estados cuando atentan contra el bienestar de aquellxs a quienes se supone que deberían servir. Esto suele traducirse luego en una larga cadena de violencias, un sistema de oprimidxs que se trasforman en opresorxs en el que la mayoría de lxs profesionales se acomoda muy bien, razón por la cual el sistema sigue operando. Es un panorama desolador, pero no es violencia obstétrica y no justifica su ejercicio.

Violencia obstétrica es la que se ejerce sobre la mujer y el bebé. No son la víctima y nunca lo serán, no se es víctima de los propios privilegios ni de la violencia que unx mismx ejerce. Hablar de violencia obstétrica como algo que le sucede a lxs profesionales, además de una mentira descarada, es tremendamente peligroso porque invisibiliza y justifica la violencia que se ejerce sobre nosotras. Además de que nos entreguemos mansas a la carnicería se espera que tengamos compasión, nosotras, las mujeres siempre buenas, las comprensivas y sacrificadas.

Sabemos que las condiciones laborales son precarias e incluso inhumanas: pocxs profesionales para la demanda de nacimientos por guardia, falta de insumos, maltrato, falta de reconocimiento, etc. No ponemos en duda la intrincada trama de violencia en la que estamos inmersxs y la necesidad de trabajar en varios frentes para desarticularla, estamos interconectados y lo que unx padece nos afecta e involucra a todxs. Es indudable que con mejores condiciones laborales mejoraría la calidad de atención, pero mentiríamos si dijéramos que con eso se resuelve el problema. Sería ingenuo pensar que nos atan, nos drogan, nos mutilan, nos violentan y nos acuestan solo porque tuvieron un mal día o porque no tienen las condiciones laborales que merecen. Es importante que dejemos de hablar del sistema como si fuera algo ajeno a nosotrxs; al sistema lo componen personas, lo avalan personas y son las personas las que lo pueden transformar.

Usurpar los reclamos de las mujeres también es violencia, querer desviar la mirada de lo que le sucede a bebés, mujeres y familias en los nacimientos para dirigirla a lxs profesionales que la ejercen es inadmisible. Cualquier discurso que pretenda justificar las violencias es perverso y solo puede leerse como un intento insultante de evadir responsabilidades.

8. MUCHO MÁS QUE CORTAR Y DROGAR

La perversidad del contexto

¿Por qué nos cuesta tanto detectar intervenciones innecesarias en nuestros partos, incluso cuando tenemos la información para hacerlo? El trato deshumanizado es más fácil de percibir y suele ser la punta del ovillo que desenreda y expone el resto de las violencias, pero la patologización del proceso suele quedar escondida e invisibilizada. Es muy común escuchar testimonios de mujeres que empiezan diciendo "yo creo que lo mío no fue violencia obstétrica" y luego continúan con un relato repleto de ella, incluso mujeres que no dudan en identificar la violencia en relatos ajenos. Cuando se trata de la propia experiencia aparecen las justificaciones, "no fue para tanto" o "sé que esta práctica es controversial pero en mi caso sí fue necesaria". Claro que lo que está operando aquí es la efectividad del discurso médico, pero también la dificultad que implica asumirse sobreviviente de una situación de violencia, más cuando se supone que teníamos herramientas para evitarla.

Vamos a parir preparadas para recibir intervenciones de rutina, convencidas de que son necesarias; sucede incluso cuando nos hemos informado porque pesa más el paradigma con el que fuimos socializadas que la información que podamos adquirir conceptualmente para la ocasión. El escenario que se monta para la escena del parto nos impide percatarnos de la violencia que implica el uso injustificado de intervenciones y medicalización de rutina. La rapidez, la producción en serie, la amenaza constante y el fantasma del riesgo: cada detalle habilita y camufla al siguiente, le resta impacto, le quita visibilidad. En medio del huracán difícilmente distingamos la lluvia o los truenos.

El trato deshumanizado sirve de escondite al modelo intervencionista, el monstruo comienza a retroalimentarse en el momento en que el parto ya se ha convertido en una pesadilla y la mujer, ante tanta soledad y desamparo, pide que hagan lo que sea para que termine rápido. Incluso es probable que en su recuerdo quede arraigado el registro de que ella *lo pidió* y dio su autorización. Hemos construido un modelo dominante de atención perinatal perverso en el que todo está armado para saltar de una vulneración a otra, como la rana aquella a la que le van calentando el agua de a poco hasta que ya le es imposible saltar.

Las cosas como son

Existe la episiotomía necesaria, justificada, debidamente informada a la persona gestante y por supuesto autorizada por ella y existe la mutilación genital. Según la OMS la primera se requiere en menos de un 12% de los nacimientos, el resto corresponde a la segunda categoría y es considerada una violación a los derechos humanos, como todo ejercicio de violencia obstétrica. En Latinoamérica se calcula que el 90% de las mujeres primerizas salen de las salas de parto con una mutilación genital.

Existe el uso de Oxitocina debidamente indicado, administrado, informado y autorizado y existe que te droguen, que te llenen las venas de fármacos innecesariamente con todos los riesgos que eso implica para la mujer y el/la bebé. Para lo primero el estándar de la OMS es de 5% a 10%, lo segundo no dista mucho de que en un bar te pongan droga en un vaso a tus espaldas y es algo que sucede en la gran mayoría de los nacimientos.

Existe realizar una inducción consentida porque los datos que arroja el seguimiento de ese embarazo indican que esx bebé estará mejor afuera que adentro y existe forzar al/la bebé a que desaloje el útero. Según estándares de la OMS lo primero se puede dar en menos del 10% de los nacimientos, el resto lo incluimos en el segundo caso.

Existen los tactos mínimos e indispensables, informados y autorizados, y existen los dedos metidos en la vagina porque sí aunque la mujer no sepa ni quiera, ahorrémonos el paralelismo. Para lo primero las recomendaciones OMS son un tacto cada 4 horas máximo con posibilidad de distanciarlos aún más según el desarrollo del trabajo parto y preferentemente realizados siempre por el/la mismx profesional.

Existe la anestesia solicitada por la persona gestante que posee información y los escasos casos de anestesia medicamente justificada y existe que te callen la boca drogándote.

No existe el apoyo, ni la maniobra de la panza o el empuje, existe el *Kristeller*, una práctica categóricamente desaconsejada por los múltiples riesgos que conlleva; el estándar de la OMS para esta práctica es del 0% y no porque duela o porque no sirva, sino porque sus riesgos pueden incluso desembocar en la muerte.

Existe recibir la vida nueva con respeto y calidez, garantizando que sus necesidades primarias y fisiológicas sean satisfechas, y existe tironear del/la bebé para que nazca rápido sin respetar sus tiempos y poniéndolx en riesgo, separarlx innecesariamente de su madre produciéndole un pico de estrés y pánico, recibirlx de manera rutinaria con gotas, sondas, pinchazos, baños con agua templada y la canilla abierta a todo lo que da.

Y así con todo: cesáreas, litotomía, rotura artificial de bolsa, restricción de movimiento, monitoreo fetal continuo, dilatación manual, enemas, rasurados, fórceps, etc. Existe una práctica obstétrica que respeta y garantiza derechos, que se basa en la evidencia científica actualizada y en la ética, y existe otra práctica que es simple y llana violación a los derechos humanos, porque son actos que atentan contra la dignidad, integridad y bienestar de la persona gestante, su hijx y su familia.

Tactos previos al trabajo de parto

Por alguna extraña razón, totalmente ajena a la evidencia, se suele imponer por lo menos un tacto antes de iniciar el trabajo de parto, para *ver cómo va todo*. Es habitual incluso que ya en la semana 37 se instale la rutina de un tacto semanal. Las mujeres, que carecemos de información o simplemente la subestimamos porque priorizamos el poder del ambo, nos bajamos la bombacha, abrimos las piernas y permitimos que nos metan los dedos en la vagina innecesariamente. Lo que obtenemos es un dictamen que no aporta información útil, informa el estado del cuello en ese preciso momento pero no permite hacer predicciones de ningún tipo, ni cuánto puede faltar para que se desencadene el trabajo de parto ni cómo será ese proceso. Solo es una práctica invasiva y contraproducente que puede incluso desencadenar efectos secundarios nocivos tanto físicos como emocionales y psicológicos.

Puede pasar, por ejemplo, que hagan un tacto y encuentren que hay algunos centímetros de dilatación o un cuello blando o maduro (según el léxico del/a profesional de turno), con esa información probablemente la mujer sienta que ya está todo cerca y sin embargo pueden pasar semanas antes de que se desencadene efectivamente el trabajo parto. Días y semanas con la ansiedad que va creciendo, las falsas expectativas que no se concretan y lo más peligroso: la sensación de que hay algún problema. Incluso hay profesionales que usan el dato del estado del cuello para imponer cesáreas innecesarias o inducciones que probablemente terminarán en cesárea también porque "llevas ya muchos días con dilatación y evidentemente sos de las que no dilata o no empieza trabajo de parto".

Otra posibilidad es que realicen el tacto y encuentren el cuello cerrado y lleguen así a la *difícil* conclusión de que todavía falta. ¡Por supuesto! Si aún la mujer no está en trabajo de parto activo ¿cuál es la hazaña del descubrimiento? Pero aunque no hay nada certero también esto puede traer implicaciones emocionales que vayan en detrimento del desarrollo del trabajo de parto, es muy probable, por ejemplo, que aparezca la sensación de frustración, el miedo, la angustia de sentir que aún falta mucho y que las fuerzas se agotan cuando en realidad el trabajo de parto podría desencadenarse naturalmente unas horas después.

Si bien es real que existen señales físicas que dan cuentan de un cuerpo que se está preparando (expulsión del tapón mucoso, algunas contracciones más presentes, etc.), no hay reglas fijas que permitan predecir el inicio del trabajo de parto. Del cuello con algo de dilatación podrían pasar semanas y del cuello cerrado podrían pasar horas. Y aunque esto esté comprobado, el equipo médico muchas veces se toma la libertad de tomar decisiones basándose en esta pobre e insuficiente información. No solo metieron sin ninguna razón los dedos en nuestra vagina (lo cual no dudamos en llamar violencia sexual en cualquier otro contexto), sino que además manipulan la información para realizar intervenciones innecesarias que les convienen únicamente a ellxs.

Los tactos además aumentan el riesgo de infección y muchas veces se usan para realizar procedimientos innecesarios sin consentimiento, como dejar en la vagina un pedacito de una pastilla que induce el trabajo de parto o realizar la maniobra de Hamilton (más conocida como "desprender membranas") que consiste en despegar la bolsa amniótica de las paredes del cuello del útero estimulando así la liberación de prostaglandinas para provocar contracciones, es una manera de inducir el parto sin recurrir a la medicación, lo cual está muy bien y es la mejor opción pero solo cuando es realmente necesario realizar una inducción; se trata de una maniobra dolorosa que suele conllevar sangrado posterior, lo cual no es un detalle para nada menor en un momento de tanta vulnerabilidad, en el que los miedos con respecto al dolor son recurrentes y no sirve de nada incrementarlos.

Este listado de razones basta para comprender que el tacto previo al inicio del trabajo de parto es un hecho violento e innecesario, que se trata de un abuso.

Parir acostadas

Cuentan los que cuentan cuentos que una vez existió un rey al que se le antojó ver nacer a su real descendencia. Como estaba en su divino derecho a nadie se le ocurrió objetarlo; nada es más importante que un deseo *real* y nadie le preguntó a la reina cuál era su parecer, no era su deber desear sino obedecer. Sin demora, dispusieron de lo necesario para complacer al rey y así fue como apareció la primera camilla de parto y el primer registro que se tiene del parto en posición de litotomía. Luego fue puro marketing, *si la reina parió ahí debe ser un bello lujo, propio de la realeza*; de ahí pasamos a sentir que *es mucho más seguro porque el médico está cómodo y puede trabajar mejor* y así llegamos a este preciso minuto en el que la mayoría de las mujeres que están pariendo están acostadas y atadas. Han pasados siglos y seguimos priorizando el deseo de ese rey y la comodidad de lxs obstetras. Ese rey era Luis XIV y ese obstetra, Moriceau, quien además popularizó el uso de *forceps*.

No nos acuestan porque sea más seguro o más sano para la madre o el/la bebé; no nos acuestan porque se hayan demostrado los múltiples beneficios de esta posición; tampoco porque sea la posición que la mujer adopta libremente o la que favorece y preserva la fisiología del parto/nacimiento. Ya cuando decimos que *nos* acuestan, estamos diciendo que es algo que otrxs hacen sobre nosotras, algo que se impone y en un proceso sano, fisiológico y de tal trascendencia emocional toda imposición es en sí misma nociva. Pero lo más triste es que nos acuestan porque a un rey se le dio la gana y un obstetra lo encontró muy cómodo para su espalda y para poder usar los *fórceps*, el nuevo juguete, con comodidad. Nos acuestan porque la obstetricia dominante se rige por costumbres y creencias y no por evidencias; nos acuestan a pesar de la incomodidad que esto supone para las mujeres y lxs bebés. Nos acuestan porque somos una sociedad patriarcal que desde temprano nos enseña que lo que le toca a la mujer es la obediencia, la sumisión y la pasividad: la litotomía es una posición que resume y simboliza todo eso.

De todas las intervenciones que se realizan en un parto esta pareciera ser la más inofensiva, *es solo una posición*. Pero la litotomía favorece y facilita todas las intervenciones de rutina, es una invitación explícita a intervenir y meter mano con total comodidad. Parir acostadas nos quita el control sobre nuestro cuerpo y el poder sobre nuestro parto. Será la más extendida y la menos impresionante, pero de inofensiva no tiene nada.

El monitor fetal continuo y el arte de no mirar

Durante la atención obstétrica la mujer se transforma en una parte del decorado, su calidad de sujeta desaparece de la escena. No se trata solo de un modelo de atención despersonalizado y que homogeniza la asistencia y de una sociedad que nos roba la voz y la potestad de decidir, sucede además que los avances tecnológicos nos conducen a un modelo que puede prescindir del cuerpo de la mujer. Ejemplo claro de esta situación es el monitor fetal continuo; en cuanto se enciende, la mujer deja de existir, nunca más se la mirara a ella ni a las señales de su cuerpo; de ahí en adelante la relación del equipo obstétrico será con la máquina y con los sonidos que esta emita. Esos sonidos bastarán para determinar diagnósticos y conductas médicas. Ya no la miran ni le preguntan, no hace falta, la máquina dice todo lo que necesitan saber. No importa que la evidencia científica demuestre que el uso rutinario del monitor, y más en nacimientos sanos, es nocivo para el bienestar de la diada, no importa que por ese aparato se pierda el contacto personal, la mirada concreta, el vínculo humano, la paciencia y la calma; gracias a ese monitor el equipo obstétrico estará tranquilo de que todo está bajo control.

Mientras tanto ella, invisible pero presente, escucha también el corazón de su hijx pero sus propias percepciones dejaron de existir incluso para sí misma, no solo está confinada físicamente a una cama en la que no puede moverse libremente sino que toda su atención se centra en esa máquina, su cuerpo ya no importa, no importan sus señales. Está abstraída y fuera de su cuerpo, solo escucha atentamente eso que se supone que sucede dentro suyo, aunque no logre entenderlo del todo ni pueda decodificar lo que esos sonidos significan, aquella máquina sabe más de ella y su hijx que ella misma, se ha convertido en la protagonista de la escena.

La anestesia y la necesidad de acallar

El uso de anestesia durante el parto tiene dos caras, la de la mujer que la pide y la del equipo médico que la establece como rutina y que, llegado el caso, la impone. Lo primero es incuestionable y, por supuesto, es una elección que responde a múltiples factores. Sin embargo, es importante aclarar que muchas veces el pedido de anestesia no está directamente relacionado con el proceso del parto en sí mismo ni habla del umbral de dolor de la mujer sino que está ligado al ambiente hostil y angustiante en el que nos sumergen para parir y al uso de intervenciones de rutina que imprimen al proceso del parto una exigencia que no le es propia; también está el miedo infundado con el que entramos a parir, porque nos han hecho creer incluso antes de estar embarazadas que la única manera de parir es con Epidural y que todo lo demás es una tortura innecesaria. Es interesante observar que en Argentina, y otros países de Latinoamérica, hay algo elitista en el uso de la Epidural, en las instituciones privadas es casi un requisito de los equipos médicos que instalan la idea de que sin anestesia es imposible parir, mientras que en las instituciones estatales la anestesia está reservada solo para las cesáreas.

Centrémonos en esa otra cara, la de lxs profesionales que sugieren insistentemente el uso de anestesia y llegan incluso a imponerla (ya sea desde la manipulación y el miedo o directamente sin que medie palabra). Ya en los consultorios obstétricos y en los cursos de preparto la anestesia se enaltece como una aliada indispensable ¿Por qué esa necesidad imperiosa de anestesiar a una mujer? ¿Por qué dormir sus sensaciones? Durante el trabajo de parto y el parto se conjugan con gran intensidad varios de los tabúes de nuestra sociedad: la sexualidad, el miedo a la muerte, el instinto salvaje e irracional, el despliegue de fuerza y poder de las mujeres. Es precisamente esto lo que la anestesia viene a acallar, lo que hace casi obligatorio el uso de anestesia. El cuerpo anestesiado no tiene pulso ni potencia sexual, es solo dinámica y maquinaria, la mente embotada no romperá jamás con el deber ser, las sensaciones acalladas no nos permiten vivenciar placer ni gozo.

Nos quieren calladas y mansas, no hay espacio para nuestros ciclos e intensidades, nuestra fortaleza ni nuestra libertad. Primero nos inmovilizan, nos drogan e intervienen y luego nos anestesian para que no percibamos la tortura y para que no nos quejemos. La anestesia rutinaria no busca aliviarnos el proceso ni hacérnoslo más llevadero, no hay bondad en su imposición. Es real que no hay dolor, pero tampoco hay conciencia del cuerpo ni posibilidad de disfrute.

El miedo a pujar

¿Sabré pujar? ¿Sabré darme cuenta cuando empezar a hacerlo? ¿Podré hacerlo bien?

El pujo es una fuerza poderosa que te atraviesa con una potencia impresionante. Es algo que sucede, te toma toda, *es*. Viene la contracción y con ella aparece el pujo; se abre paso, te habita y no podés evitarlo aunque quieras, se abre la boca y aparecen los gritos, toda tu fuerza se dirige a la zona de la pelvis, las caderas se ensanchan, buscan espacio para empujar a tu bebé y hacerlx descender por el canal de parto. No hay técnica, es puro instinto, pura fuerza de vida abriéndose paso. Es una potencia descomunal que te hace sentir que estás a punto de partirte, de abrirte en dos, que tanta intensidad es insostenible y podrías morir en el intento, a la vez que te devuelve toda la consciencia sobre tu cuerpo y tu poder, una sensación eufórica y abrumadora de vida que recorre cada una de tus células.

Entonces, ¿por qué vamos a clases para aprender a pujar?, ¿por qué afirmamos que tuvieron que ayudarnos con maniobras porque no supimos pujar?, ¿por qué se escucha en algunos relatos que los pujos fueron dirigidos, que otrx indicó cuándo y cómo pujar?

Pujar es un acto fisiológico e instintivo, y el modelo desde el cual se asiste hoy la gran mayoría de los nacimientos atenta contra la fisiología, es antinatural y va en detrimento de todo instinto. Entre todos los miedos que aprendimos, aprendimos también a temerle a la fuerza del pujo, creemos que vamos a desgarrarnos enteras, tanto y tan profundo que las entrañas podrían írsenos por ahí y además es siempre el reloj y no nuestro cuerpo el que marca los tiempos del proceso.

No podés pujar si estás tan drogada y anestesiada que apenas sentís tu cuerpo, menos si tenés que hacerlo acostada cuando lo que el cuerpo te pide es una posición vertical. Tampoco si tu cuerpo ha sido tan manoseado que ya no hay resto emocional ni físico para entrar en ese mar salvaje, o si el grito está prohibido o lo reprimís por la inhibición que genera semejante nivel de exposición. ¿Cómo entregarte a una fuerza tan poderosa si te quitaron todo el poder?, ¿cómo dejar que lo salvaje tome su lugar si sos solo un pedazo de carne vulnerado y maltratado?

No necesitamos aprender a pujar, no llegamos hasta aquí como humanidad por los cursos preparto, lo que necesitamos es que nos acompañen con paciencia, sin invadirnos ni intervenirnos innecesariamente. No se trata de enseñar a pujar, no se trata de lo que el/la profesional pueda hacer para que la mujer "puje bien", se trata de preservar el entorno y la fisiología para que la mujer encuentre y explote lo que le es propio.

La amiga Epi

La llamamos Epi, como a una fiel amiga que merece un apodo amoroso, pero es un corte quirúrgico nada amigable ni inofensivo. La episiotomía es un corte que se realiza en el periné femenino para agrandar la cavidad, es profundo e involucra al músculo; requiere sutura y recuperación. Es una práctica que se realiza rutinariamente, pero el estándar OMS indica que su uso está justificado solo en menos del 12% de los nacimientos y sus razones están íntimamente ligadas al bienestar del/a bebé y no a la anatomía de la mujer o a la flexibilidad de sus músculos y tejidos.

La episiotomía no está indicada para evitar desgarros, porque de hecho *es* un desgarro quirúrgico con implicaciones mucho más graves, y tampoco es justificación automática que sea el primer parto vía vaginal o que el bebé "sea grande". Una episiotomía innecesaria es una mutilación genital y por eso es perverso llamarla con diminutivos dulces y cariñosos como si fuera algo chiquito, inofensivo y sencillo. Por supuesto que este apodo tan gentil no se lo han puesto las mujeres sino que es una hábil estrategia de marketing; el sistema médico tiene la enorme capacidad de transformar sus mayores atrocidades en *promos* que todxs queramos comprar. La confianza y el cariño del apodo corren por cuenta del sistema que nos la vende, para el que sí es una ayudita inocente, un tajito inofensivo (como la cesárea) en lo que no vale la pena reparar ni darle la entidad de llamarla por su nombre.

Hemos normalizado la violencia obstétrica a tal punto que ni siquiera dimensionamos lo que implica ser mutiladas sin razón, sin necesidad, solo por comodidad, costumbre y voluntad de lxs obstetras. Nos cuesta ver la realidad de frente, asumir la terrible violación a la que hemos sido sometidas y es más fácil minimizarla, restarle importancia, que sea la Epi también en nuestro relato a ver si así duele un poco menos. Pero el cuerpo no olvida y recuerda lo que la mente niega, la episiotomía se transforma en ese impuesto que tenemos que pagar por tener la absurda ocurrencia de parir.

Creí que me moría

Mi hija mayor nació un 31 de diciembre, hace casi 11 años. La sacaron de mi panza, la escuché quejarse y luego vino un silencio total, amargo, abrumador, eterno. Yo estaba anestesiada del cuello para abajo y apenas podía hablar, todavía sigo intentando gritar su nombre y correr hacia ella *en ese instante*. Unos minutos después, que para mí fueron siglos, una enfermera pasó a mi lado con un bulto de frazadas que evidentemente era mi bebé, pasó a mi lado sin siquiera registrarme. Grité el nombre de mi hija e intenté ir hacia ella. Imposible, estaba atada y anestesiada. El neonatólogo, el "bueno" de la historia, le dijo a la enferma que me mostrara a mi hija y *me hicieron el favor*. Como si fuera un trámite la enfermera me la acercó a la cara, le sacó un poco la frazada y dijo "rapidito mami que se la tengo que llevar al papá para que la conozca". Vi su rostro por un segundo, hoy es una imagen borrosa en mi memoria: no la recuerdo, no la reconozco, esa primera imagen que soñaba con guardar para siempre no existe y lo que vieron esos ojitos, en lugar de esta mujer que la amaba con locura desde antes de conocerla, fue una luz punzante y fría. Sin más, la enfermera se la llevó de mi lado.

Mi hija se fue y yo creí que me moría, empecé a sentir que no podía respirar, que me iba, los ojos se me cerraban y tenía pánico de no poder volver a abrirlos. Recuerdo que grité "me muero, me estoy muriendo" y una risa me contestó "no, es la anestesia". Empecé a tener arcadas y unas lágrimas silenciosas y espesas rodaron por mis mejillas, comencé a repetir el nombre de mi hija para no dormirme, para sobrevivir. Cada vez me faltaba más el aire pero trataba de aferrarme a la certeza de que ella había nacido y me necesitaba. Intentaba encontrar la alegría que debía estar sintiendo, pero todo era miedo, vacío, muerte; mi hija no estaba conmigo y su ausencia era un dolor inmenso e insoportable. De pronto nada tenía sentido, ni el deseo con el que la había concebido, ni las palabras y las canciones susurradas durante el embarazo, ni la emoción infinita con la que fui preparando su llegada.

Puede ser que la certeza de que me estaba muriendo fuera un efecto de la anestesia, pero lo cierto es que solo acabó cuando por fin estuvimos juntas. Me costó reconocerla, sabía que era ella, pero lo supe como se saben las cosas que se comprenden, tuve que explicármelo a mí misma para entenderlo. Los días subsiguientes llenos de besos, mimos, teta, leche tuvieron que recomponer el entramado de enamoramiento visceral que cortaron cuando se apropiaron de ella y se la llevaron de mí. Recuerdo que olía a asepsia, a manos ajenas, a un olor que no era el nuestro. De mí nació una bebé con olor a cría, a líquido amniótico y sangre, con unto y desnuda, que buscaba mi olor, mi cuerpo, mi pezón y me trajeron una bebé de publicidad, con olor a clínica, bañada, vestida y dormida. Tuve que mirarla en detalle para hacerla mía, oler cada milímetro de su piel para encontrar eso que la hacía única entre tantxs bebés, que la hacía mi hija y no un/a bebé de otrx.

Si yo sentí que estar sin ella era la muerte, ni en la peor de mis pesadillas podría comprender lo que eso significó para ella. Aun cuando se levanta en las noches gritando de terror y corro a abrazarla siento que sigo tratando de sostener en mis brazos a esa criatura recién nacida que necesitaba de mí y encontró el vacío.

Secuestrdx y torturadx

Vayamos a una sala de partos: un/a bebé está saliendo al mundo, tiran de él/ella unas manos que no le permiten disponer del tiempo que necesita para nacer solx, posiblemente ha sido empujadx con alguna maniobra brutal, obligadx a salir. Para este momento lo más seguro es que ya haya atravesado momentos de crisis y angustia, de falta de oxígeno o de químicos en su organismo, producto de todas las intervenciones, el miedo y el maltrato que su madre ha transitado. Lx obligan a girar y salir, lx recibe una luz fuertísima, voces que no reconoce y su fuente de oxígeno y nutrición es cortada aunque él/ella aún la necesite. En cuestión de milésimas de segundos es forzadx a abrir sus pulmones y respirar, a asociar el ingreso al mundo aéreo con el ahogo y la asfixia.

Su química y su instinto (que son todo lo que tiene) lx han preparado para encontrarse con su madre, con su pecho y con su piel, para ser arrulladx por su respiración, cobijadx por su temperatura corporal, para sentir los latidos de su corazón y así realizar en calma el proceso de adaptación a este mundo desconocido. Necesita las palabras de amor y alegría, los mimos y el contacto profundo con la energía que emana de su madre, su proceso de enamoramiento, sus miradas que habrán de darle el recibimiento amoroso y respetuoso que espera y merece. Pero en vez de eso, una vez que su cordón ha sido cortado, es separadx de su madre en un acto de profunda violencia e inmediatamente todo su sistema se pone en estado de alerta, los niveles de cortisol se disparan e inundan su cerebro, marcando las primeras conexiones neuronales de este lado, el miedo visceral se apodera de él/ella. Las consecuencia nocivas que supone esta separación están demostradas, varias de las complicaciones leves que puede presentar un/a bebé después de su nacimiento, que no regule la temperatura por ejemplo, suelen ser producto de esta separación y podrían resolverse solo con regresar al contacto piel con piel. Por supuesto existen extremos en los que el/la bebé requiere de atención de alta complejidad y es necesaria la separación o en los que la mujer requiere de atención de urgencia, pero son excepciones y aún en esos casos debe priorizarse al máximo el contacto entre la madre y la criatura. La gran mayoría de lxs bebés solo requiere el contacto ininterrumpido con su madre, sus sonidos, sus olores, su cobijo.

Pero ya en las consultas y en los cursos preparto nos han explicado insistentemente que es absolutamente necesario llevarlx, que es de vida o muerte y que además no es para tanto, que son solo unos minutos y que total *no se acordará de nada*. Un/a bebé no entiende de razones y no tendría por qué hacerlo, menos cuando se trata de razones falsas, tan solo sabe que ha nacido y que lx están separando cruentamente de su hábitat y no sabe si va a volver o no. Y esto es solo el principio, porque luego empiezan las gotas, los pinchazos, las sondas, las manos ajenas que lo llevan y lo traen, las luces fuertes, el baño, la balanza, la mamadera de glucosa o fórmula. No hay nada más violento e invasivo que nacer en un sistema que nos recibe con secuestros y torturas.

El corte que corta el vínculo

Está demostrado que cortar el cordón antes de que deje de latir es innecesario e incluso perjudicial, pero es una de las prácticas más arraigadas.

Imaginemos que efectivamente esto se respete y no se corte el cordón antes de tiempo. Pueden pasar minutos, muchos, antes de que el cordón deje de latir ¿qué hacemos con el/la bebé mientras tanto?, ¿se queda el obstetra con la criatura en brazos, mientras el/la neonatólogx intenta llegar y ponerle sondas con la mujer abierta de piernas esperando? Aunque fuera solo por 3 minutos sería eterno y engorroso. ¿Qué se hace entonces con esx bebé? Se lx pone sobre el pecho de la madre y nadie vendrá a sacarlx y llevárselx porque no se puede, sigue vinculadx a la mujer, siguen siendo unx. Obviamente lx secarán para que no tenga frío y si hay algo realmente necesario lo harán sobre la madre y, como está sobre su pecho, es muy posible que el/la bebé busque la teta o que la madre instintivamente lx ponga y se inicie así la lactancia.

El corte prematuro del cordón como práctica rutinaria solo existe para habilitar las prácticas que le siguen, su única función es dejar disponible al/la bebé para el resto de las intervenciones. Así como la litotomía sirve para intervenir sin obstáculos a las mujeres, el corte prematuro de cordón tiene la misma función pero en lxs bebés. La terrible diferencia es que no podrán salir luego a denunciar y llorar su maltrato.

Como todos los cortes obstétricos, el corte prematuro del cordón no tiene nada de inofensivo y corta mucho más que la materia. El corte oportuno del cordón no solo le garantiza al/la bebé beneficios puntuales y fisiológicos, como la reserva de hierro y nutrientes que recibe de la sangre que la placenta aún le envía, o la posibilidad de un pasaje gradual del medio acuático al medio aéreo (y por ende a la respiración) sino que además favorece el vínculo inmediato con la madre. No separar a la díada no solo es la mejor opción para ese momento fundante, sino que es una de las maneras que tenemos de proteger a nuestrxs hijxs de la violencia obstétrica que sobre ellxs se ejerce, una violencia mucho más invisible y aterradora que la que vivimos nosotras.

No basta con sobrevivir

El intervencionismo nos pone en peligro sistemáticamente y aunque en la gran mayoría de los casos logremos sobrevivir, las secuelas psíquicas nos acompañarán para siempre. No basta con sobrevivir al parto, no basta con salir de la sala de partos con signos vitales y un organismo que aún funcione. Pagamos con nuestra integridad, con heridas en el vínculo, con el terror constante de dañar a nuestrxs hijxs y ser incapaces de cuidarlxs; pagamos con el dolor de mirarlxs y ver en sus ojos el recuerdo constante del día del horror; pagamos con la rabia de mirarnos al espejo y ver las cicatrices que nos recuerdan nuestra ineptitud; pagamos con la decisión tajante de no tener más hijxs. Pagamos de por vida lo que para el equipo obstétrico fue un parto más entre miles.

Necesitamos mucho más que sobrevivir, merecemos partos dignos de celebración, experiencias de poder, dignidad y respeto. Estamos ahí, haciendo posible el futuro de la humanidad, porque la estamos pariendo, es hora de que la sociedad se ponga a la altura de la circunstancias.

Mucho más que *no* cortar y drogar

Cuando se habla de intervenciones y medicalización en los partos/nacimientos el foco suele estar puesto en la importancia de no intervenir los procesos de manera rutinaria y que cada intervención que se realice tenga una verdadera indicación médica y un análisis riguroso de costo/beneficio. Sin duda se trata de un avance importante, entre que te corten sin necesidad y no lo hagan, hay una enorme diferencia. Pero ese no es el punto clave de la cuestión, sino tan solo el primer eslabón para empezar a arreglar el desajuste que supone el actual modelo de atención perinatal dominante. No se trata solo de sacarle las tijeras de la mano a lxs profesionales médicxs y evitar que realicen prácticas porque sí, sino ante todo de transformar radicalmente el modelo de atención, sus prácticas y sus fundamentos teóricos. Se trata de que el equipo obstétrico en concreto y el sistema en general construyan entornos favorables para que las mujeres estemos informadas y tomemos las decisiones, que nos sintamos libres para decidir, preguntar, cuestionar, elegir y expresarnos. Se trata de generar el entorno necesario para el desarrollo fisiológico del nacimiento, de lo que se desprende, por supuesto, que solo se realizarán intervenciones si son estrictamente necesarias. Parece un mero juego de palabras, pero en realidad implica un profundo cambio de paradigma. Cuando el eje central del análisis y la discusión es la intervención en sí misma, seguimos hablando desde una concepción del parto como un hecho médico y patológico. Volvamos a cuestiones que son trascendentales, como la intimidad, la seguridad de la mujer en sí misma, la confianza en el entorno y la red que la sostiene, la libertad de expresión y movimiento. Para el equipo obstétrico esto suele implicar un desafío enorme, tal vez mucho más grande que el de abandonar las intervenciones rutinarias, porque es mucho más que no sacar la tijeras innecesariamente sino realmente ponerse al servicio de esa díada, a disposición de sus necesidades y deseos, desde la convicción profunda de que el parto es de la diada y el nacimiento es posible solo gracias al trabajo conjunto de la mujer y su hijx. Saberse prescindibles es tal vez el desafío más grande para lxs profesionales obstétricxs y para lxs médicxs en general. Construir salud es poner a la persona en el centro, validar su voz, tomar sus saberes y capacidades como punto de partida, dejar de pensarla como un cuerpo receptor de prácticas y comenzar a verla como la protagonista de sus propios procesos.

*Cuando seamos capaces de ver lo que destruimos dentro de
nosotras mismas, la sexualidad que nos perdemos, y por otro lado,
el vacío, la falta, el sufrimiento que nuestra anulación desencadena,
seremos la mayor fuerza revolucionaria jamás vista o imaginada,
impulsada por un caudal infinito de energía libidinal liberada*

Casilda Rodrigáñez Bustos

9. LA EXPERIENCIA QUE DESAFÍA AL SISTEMA

Te parí en un grito hondo, ancestral y visceral. Un grito que dio vida y reclamó la existencia. Te parí y el fin del mundo y el principio de los tiempos fueron uno, y una vez más ganó la vida, imparable, arrolladora, salvaje. Te parí y llegaste al mundo en un potente grito insumiso de libertad; que esa sea la música que te guíe siempre, el sonido de tu sangre, el aliento de tu respiración.

Parir y partear como actos de desobediencia civil

Cada vez más mujeres se vuelcan a la tarea de cuestionar el relato dominante que las condena a convertir el nacimiento de sus hijxs en un trámite angustioso y cruel. Cada vez más mujeres (madres y parteras) a través de sus elecciones, testimonios y búsquedas están desafiando al sistema a que cambie sus prácticas. Los nacimientos son hechos políticos, como lo es la lucha de las mujeres por disputar el poder de sus partos y la de las parteras por defender su autonomía y recuperar la esencia de una partería que favorece la libertad. Son luchas por la soberanía de sus cuerpos y sus vidas: un poderoso acto de desobediencia civil que sacude los cimientos del patriarcado.

El placer y el deseo son hechos políticos

Las mujeres *sabemos* que a lo largo de nuestra vida sexual y reproductiva experimentaremos muchos momentos de dolor; lo normalizamos y nos disponemos a ello. Los varones, por su parte, son educados con la certeza de que su placer importa, el deseo es uno de los privilegios con los que cuentan, y si algo del orden del padecimiento emerge en su vida sexual significa que algo está mal, que hay un problema o una patología.

Sin saber muy bien cómo, aprendemos que nuestra primera experiencia sexual (siempre referida al falo y la penetración, nada de lo que hayamos hecho antes con nosotras o entre nosotras cuenta) será con dolor y sangre, un trámite marcado por la entrega de nuestro cuerpo al placer del varón, el abandono de nuestros deseos y necesidades: así es la primera vez, ya vendrán tiempos mejores, nuestra anatomía es complicada y somos difíciles de complacer. Pero al mismo tiempo debe ser un momento que *atesoremos por siempre*, aquel encuentro molesto y doloroso será el que nos haga mujeres; antes de ese falo éramos solo un proyecto que adquirió sentido en esa unión.

También aprenderemos que gran parte de nuestra vida sexual será sin ganas, por compromiso y para que otro disfrute, aprenderemos a despojarnos de nuestro cuerpo, a dejarlo tirado en una cama y esperar que acabe pronto. Aprendemos que el aguante tiene sus beneficios y que nuestro placer es una cosa excepcional cuya búsqueda solo traerá frustración.

Sabemos, aunque en silencio, que estamos condenadas al dolor de la menstruación, a la incomodidad y la vergüenza y todos los meses atravesaremos "esos días" que saben a castigo en los que debemos cuidarnos aún más de nuestra condición hormonal y voluble. Aprendemos que nuestra sangre es sucia aunque dé vida y desde chicas oímos frases que susurran "pobrecita, qué rápido empezó" o "qué tendrá de malo esta chica que todavía nada". Desde niñas nos adiestran para sentirnos inadecuadas y falladas.

Nuestros partos estarán signados por el sufrimiento y nuestra estoicidad para atravesarlos hablará de nuestra valía como madres. Sabemos, sin que tengan que decirlo abiertamente, que habremos de sacrificar nuestro bienestar y disponernos a la tortura por el bien de nuestrxs hijxs. "Fue un parto" repetimos para decir que algo fue complicado y tortuoso, una experiencia que hubiéramos preferido evitar. "Fue un parto" dice algunx y todxs lx compadecemos, porque sin más explicación entendemos que aquello a lo que se refiere le implicó un gran sufrimiento.

Vendrá la lactancia y con ella asumiremos las grietas, la sangre, el dolor como algo normal y esperable, como un proceso natural de nuestra anatomía insana, llegaremos al límite de nuestras fuerzas (físicas, emocionales y psicológicas) antes de empezar a preguntarnos siquiera si tal vez, a lo mejor, de pronto hay un problema en ello, ¿por qué sería de otra manera si estamos entrenadas para esperar y soportar el dolor?

Llegará también la menopausia y la disminución de nuestro valor, otra vez la vergüenza. Vergüenza por sangrar y vergüenza por dejar de hacerlo. Sabemos que con ella aparecerán nuevamente las molestias y la incomodidad ¿y el dolor? ¿Acaso en algún momento dejamos de esperarlo y de sentirlo?

Nos enseñan que nuestra resistencia al dolor es signo de nuestra grandeza; tolerar y aguantar el dolor nos hace fuertes y valientes, es algo de lo que debemos estar orgullosas, somos dignas de admiración por ello. Abundan, como siempre, los discursos al servicio de la normalización: que tenemos tolerancia al dolor para garantizar la supervivencia de la especie y todos nuestros dolores nos preparan para el parto; que recibimos el dolor porque tenemos la capacidad de sanarlo y transmutarlo; que el dolor es nuestro maestro y gracias a él nos descubrimos y conectamos con nuestra esencia. No hay teoría que valga, la normalización de nuestra sexualidad está condicionada y sostenida por una sociedad patriarcal y misógina que atenta contra nuestro bienestar, que nos quiere calladas y sumisas o muertas y mutiladas.

Si miramos hacia atrás, si desandamos el recorrido de nuestra vida sexual y reproductiva encontraremos un dolor encadenado a otro; la vergüenza y la molestia, la sensación de estar sucias, la frustración, el miedo y la obediencia se tejen entre sí y arman una trama que no es individual: es la historia de todas, aunque la vivamos en la intimidad del silencio como los destellos de goce y deseo que se esconden entre el tejido. Recuperar el goce y el deseo es un acto político: sabernos con legítimo derecho a disfrutar, salirnos del lugar pasivo de quien consiente sin ganas y acepta por tácita obligación, deshacernos de la figura de la que se entrega, en la cama y en la sala de parto, la que cree que su poder radica en acceder y autorizar y su fortaleza en aguantar y tolerar.

No merecemos el dolor, no nos hace fuertes, nos lo imponen y pretenden que lo naturalicemos con discursos que nos alejan de lo que somos y de lo que podemos. Nuestras experiencias de placer y deseo son hechos que ponen en jaque al patriarcado, son potentes actos subversivos que rompen la cadena de dominación y sumisión. ¿Qué puede ser más revolucionario en una cultura que nos domina y nos impone el sufrimiento que la certeza y el despliegue de nuestra potencia e intensidad?, ¿qué puede ser más contundente que nuestros gritos de libertad y placer?, ¿qué acto puede esconder mayor desobediencia que vivirnos deseantes y gozosas?

Gritos de libertad

Ella se mueve, se ensancha, se hace pasaje y túnel. No hay límites, no hay reglas, solo el mar que la envuelve y el poder que le es propio. No pide permiso, no busca quedar bien, por un momento el afuera desaparece, lxs demás no importan, no hay disfraces ni posturas aprendidas, solo son ella y su hijx en toda su magnitud. Sus químicas trabajan en conjunto para tejer el encuentro, sus músculos fuertes y capaces dan paso a la vida nueva, sus organismos entretejidos en una danza perfecta que desde tiempos inmemoriales hemos sabido bailar. Y se hace el grito, arrollador y salvaje, ese aullido ancestral y profundo que llama a su hijx a la vida y subvierte el orden establecido. Un grito insumiso de libertad que da cuenta de toda su fuerza y todo su poder, indomable, imparable: ¡Pude parir, puedo todo!

Asociamos el grito con el miedo, el sufrimiento, la angustia o la violencia. Gritamos porque padecemos o lo hacemos porque somos violentxs: en cualquier caso, quien lo escucha tiende a acallarlo y para ello está legitimado el uso de la fuerza y el abuso.

Cuando imaginamos gritos en un nacimiento lo que se nos viene a la mente es la imagen de una mujer desencajada que padece, sobrepasada por una experiencia hostil y traumática, un compañero (porque el mundo lo pensamos siempre heteronormado) abrumado ante tanta angustia y sufrimiento y un equipo obstétrico (los héroes de la noche) que parece estar en medio de una catástrofe y que tiene permitido invadir el cuerpo de la mujer e incluso maltratarla con tal de acallar ese grito. Desafortunadamente esta imagen no dista mucho de la realidad propia del modelo de atención perinatal que rige de la mayoría de los nacimientos.

Hay gritos de poder y libertad y gritos de angustia y miedo. Gritos que exclaman fortaleza y gritos que piden auxilio. Una mujer que protagoniza su parto y que pare acompañada y sostenida emocionalmente, que siente la libertad de seguir el impulso y el ritmo de su cuerpo, que se expresa sin miedo ni pudor, podrá sentir dolor y duda, podrá atravesar momentos en los que le parezca que la intensidad es insostenible, pero también tendrá momentos de mucho placer y confianza, de saberse fuerte y poderosa, de reír y emocionarse ante la inminencia del encuentro. Y habrá gritos, gritos salvajes y ancestrales, gritos de libertad y alivio; gritos en los que se reconoce dueña de su cuerpo, de su vida, indomable e insumisa. Gritos que despliegan todo su poder.

El despliegue de la sexualidad, la certeza del amor

Nacemos buscando el cuerpo materno, venimos de un entorno donde todo es contacto permanente, nutrición disponible, placer absoluto, donde no existe la carencia y nacemos esperando lo mismo; no tenemos otra experiencia, no entendemos de razones, de tiempos ni de excusas y sin embargo en el paso del medio acuático al aéreo perdemos mucho más que el agua: perdemos el placer y a la madre poderosa; conocemos el miedo, la violencia y a la madre mutilada.

Estamos preparadxs para atravesar un parto, para ser envueltxs en los abrazos cálidos e intensos que suponen las contracciones, estar inmersxs en el mar de oxitocina y hormonas plácidas y potentes que segrega el organismo de nuestra madre, valernos de nuestra propia fuerza en el tránsito por el canal de parto y finalmente llegar exhaustxs pero extasiadxs a los brazos de una madre plena que nos abriga en su regazo y que nos prodiga cuidados y el mismo amor y nutrición que cuando estabamos en el útero.

Que al nacer deseemos y busquemos el cuerpo materno, mal que le pese al patriarcado y a Freud, es una revelación de nuestra verdadera condición emocional, de nuestra capacidad de amar y ser amadxs y de nuestras necesidades y expectativas como especie de contacto. Es innegable que la criatura en el acto de enamorar y enamorase de su madre garantiza su supervivencia, es un complejo entramado químico y hormonal que pone en movimiento la capacidad de la madre para prodigar amparo, sostén y bienestar. Racionalmente podemos garantizar la supervivencia de un/a bebé, podemos ser operativxs y eficaces, pero es ese enamoramiento, ese deseo latente lo que nos impulsa a ir más allá y hace la diferencia entre crear el entorno adecuado para una vida plena y gozosa o garantizar la supervivencia en una absoluta aridez emocional.

El modo en que vivimos la sexualidad adulta está vinculado a las experiencias de placer y/o represión de nuestra infancia. La sexualidad no empieza en la adolescencia, ni con nuestro primer encuentro sexual, la sexualidad empieza en el vientre materno; en el acto de tocarnos, abrazarnos, mimarnos y nutrirnos la madre nos regala un terreno fértil para el placer y el deseo, un cuerpo deseante propicio para el encuentro con una sexualidad que es impulso de vida; la madre frígida que construye el patriarcado impone con su distancia un cuerpo herido y amordazado que nos enseña que solo sobrevive el más fuerte, el que ejerce poder.

En el acto de ser amadxs y amparadxs aprendemos a amar y a cuidar y establecemos las bases sobre las que construiremos nuestros vínculos y los modos de percibir el mundo que nos rodea. Es en el regazo materno donde aprendemos el lenguaje del placer y el deseo, donde se fragua el calor de nuestra sexualidad, la capacidad de sentir y dar placer, el impulso vital, creativo y apasionado que nos enamora de la vida.

Romper el molde de la socialización

Quienes presencian partos en los que la mujer atraviesa el proceso con libertad y autonomía suelen afirmar que la vieron *como nunca antes la habían visto*. El despliegue de fuerza, soberanía y coraje es evidente. Sin embargo, en esta situación las mujeres no son las únicas que ocupan espacios y conductas que no suelen estar habilitadas para ellas, no son las únicas que harán un viaje absolutamente desconocido. Y aunque el parto/nacimiento es un evento que se trata de mujeres y niñxs, es interesante observar cómo el poder transgresor del parto excede a sus protagonistas e impacta también en quienes lxs rodean.

Los varones sí son socializados para ocupar el centro del escena, desde niñxs aprenden que la vida se trata de ellos y que las mujeres deben girar a su alrededor ocupándose de sus necesidades, deseos y exigencias. En esta sociedad androcéntrica, falocéntrica y patriarcal es extremadamente difícil encontrar una situación en la que el varón se vea forzado a abandonar su protagonismo para poder participar. Nuevamente los partos pueden poner en jaque al sistema: en un nacimiento en el que la mujer es soberana los roles se invierten y los estereotipos se quiebran. En contacto con la intensidad que supone un parto, ante el despliegue de poder de la mujer, el varón se encuentra en un terreno desconocido y vedado para él, se encuentra satelizando alrededor de la mujer, pendiente de sus necesidades, disponible para satisfacer sus deseos, en la sombra, escuchando, registrando cada pequeño detalle para poder responder con rapidez. No se trata de él y lo sabe, lo percibe y es posible incluso que por momentos se rebele ante este hecho disruptivo, pero para poder *estar* tendrá que aceptarlo, no es indispensable y en la consciencia de ese hecho radica la fuerza de su presencia. Son las reglas de ella, su cuerpo no está al servicio de su placer ni de su consumo, ella no pide permiso ni busca ser amada o elegida por él ¿Y ahora qué?, ¿qué hace con el macho que grita embravecido desde su interior? En algún momento, mientras ella rompe sus propias barreras, él entenderá que no matar al macho supone la exclusión inmediata de esa escena y que sus privilegios de varón representan un peligro para la mujer y su hijx. Muy pocos instantes tienen la potencia de enfrentar a los varones a esa verdad tan descarnada: sus privilegios de varón son violencia y riesgo latente sobre la mujer y mientras sigan intactos solo podrá relacionarse con ella desde la fuerza opresora que la sociedad le asignó.

El parto es un hecho transgresor para ambos porque los ubica en lugares que les han sido vedados y rompe con el orden que han dado por natural. Por supuesto que siglos de un sistema opresor y violento y años de socialización y adoctrinamiento no se disuelven en unas horas, pero estamos ante una semilla que seguirá creciendo más allá del momento de ese nacimiento, con la particularidad de que el parto como hecho de gran intensidad y trascendencia tiene la potencia de impactar a niveles muy profundos. Esa experiencia vida-muerte supone la rendija por la que podemos escapar del molde impuesto por la socialización. Los partos son actos subversivos que tienen la capacidad de darnos la vida que el patriarcado nos ha expropiado.

Las labores domésticas en el sistema médico

Desde la Inquisición, momento histórico en que las mujeres fuimos quemadas y torturadas, despojadas de nuestra autonomía y desterradas de la medicina, hicimos varios intentos para retornar a la práctica médica pero con resultados desfavorables o individuales. Fue en calidad de amas de casa, esposas fieles y madres abnegadas que empezamos a recuperar ese lugar; la caracterización de mujer ideal es lo que resulta "deseable" para las instituciones médicas. Los médicos se transformaron en la nueva autoridad conyugal a quienes se les debe obediencia absoluta, lxs pacientes en lxs hijxs a quienes atender con abnegado sacrificio, encontrando sentido y significado en esa solícita disponibilidad pero sin olvidar que el objetivo es transformarlxs en ciudadanxs útiles y funcionales al sistema patriarcal. El bienestar de lxs hijxs-pacientes solo debe ser procurado y atendido si está alineado con las necesidades y exigencias del cónyuge-médico: son sus designios e intereses los que determinan quién merece ser cuidadx y curadx, quién merece vivir. Las mujeres ingresaron a las instituciones con la misión de limpiar la mugre, asegurarse de que la voluntad del pater-médico se cumpliera y vigilar y disciplinar a todas aquellas que osaran cuestionar la autoridad del varón y sus designios divinos.

Las parteras también fueron parte de esta nueva concepción y así como sus ancestras ardieron en la hoguera, su esencia original se transformó en cenizas. La *buena* partera que el sistema entrena y necesita es aquella que se ubica en relación de subordinación con respecto a lxs médicxs obstetras y realiza en su nombre todas las intervenciones disciplinadoras que ellxs necesitan; una partera menospreciada que vive con carga y sacrificio su labor (como toda buena madre), acompañando a otra mujer invisible y vulnerada a la que se le niega toda voz y voto. Dos mujeres sacrificadas, obedientes y sumisas, despojadas de la pasión, el placer y el deseo y por lo tanto de la fuerza y el poder.

La labor de la partera requiere compromiso y entrega, como la de la mujer que pare, eso es innegable, pero compromiso y entrega no son sinónimos de abnegación y sacrificio, eso es lo que el sistema médico y la sociedad que lo sostiene pretenden instalar. Las mujeres necesitamos a nuestro lado parteras que se sepan autónomas y libres, que vivan con pasión y alegría su trabajo, parteras para quienes asistir nacimientos sea una intensa celebración de poder y libertad, que entiendan la dimensión fundante de su acompañamiento y vivan con orgullo el lugar que les toca. Mujeres poderosas, libres y autónomas, acompañando en la fiesta de la vida a mujeres poderosas, libres y autónomas.

La partería es un ejercicio político

Los nacimientos dejan huellas imborrables, después de atravesar una experiencia (sea parto, sea cesárea, sea fisiológico, sea muy intervenido) de tanta potencia corporal, emocional y psicológica algo habrá cambiado para siempre. Hay huellas que duelen y sangran, que nos dejan marcadxs por el abuso y el maltrato. Hay huellas, en cambio, que nos hacen sentir poderosxs y enterxs. Gran parte de la configuración de esas huellas está mediada por el acompañamiento que hemos tenido.

En intimidad y libertad una mujer se abre a la vida, un/a bebé conquista su existencia. Placer, intensidad y dolor se hermanan a cada segundo; el miedo a lo desconocido, el vértigo del salto al vacío, la alegría infinita del encuentro. Cada vez más poderosxs, cada vez más enterxs, cada vez más cerca. Susurros cálidos de aliento, una mano que sostiene y da fuerza, un cuerpo que se presta para dar respaldo, sostén y calidez; la presencia paciente y alerta de quien cuida a la diada y al entorno para que esa mujer pueda zambullirse ola tras ola y traer a su hijx consigo con la tranquilidad de saber que hay una red que lxs ampara. Quienes tuvimos eso en nuestros partos sabemos del valor y la importancia de contar con una partera, sabemos que no hay palabras que puedan explicar y agradecer su acompañamiento, sus cuidados y su generosidad. Hemos sido sostenidas por parteras que han puesto sus conocimientos y experiencia al servicio de nuestro bienestar y autonomía; que han sabido mirarnos a los ojos y susurrarnos la verdad que el patriarcado nos ha expropiado "¡vos podés!», que nos han sostenido en las dudas sin invadir y alentándonos a encontrar nuestras propias respuestas. Hemos tenido a nuestro lado a parteras insumisas que nos acompañaron en el acto subversivo de parir a nuestrxs hijxs con poder y en libertad, que se estremecieron ante nuestro aullido salvaje y que reconocieron en él al grito que transgrede el orden establecido; parteras que nos abrazaron con una emoción intensa cuando nos vieron salir del mar embravecido con nuestrx hijx en brazos, soberanas y henchidas de poder; esas mujeres que son mucho más que profesionales de la salud y que para serlo han tenido que cuestionar los privilegios del ambo y desobedecer todo aquello para lo que las adoctrinaron, esas mujeres que serán parte de nuestra vida para siempre.

Solo quienes hemos tenido ese acompañamiento sabemos del peligro que parteras así suponen para el patriarcado, sabemos y entendemos por qué se las persigue y criminaliza.

Transformar el relato para cambiar la vivencia

Las historias familiares, los medios de comunicación y el relato social van moldeando en lxs niñxs la imagen de lo que *es* un parto. Aunque se trata de un tema que sigue siendo tabú está siempre presente y lxs niñxs van juntando retazos de aquello que escuchan en sus casas, de las imágenes que aparecen en la tele o las películas y arman el rompecabezas con las piezas que tienen. No es difícil imaginar el relato final que arman con esas piezas y la conclusión a la que llegan: el parto es una tortura, un evento peligroso, una emergencia que requiere de muchxs profesionales y muchos insumos.

Pero lxs niñxs tienen derecho a saber que si sus madres cuentan la experiencia del nacimiento de ellxs con sufrimiento, frustración o angustia, si relatan sucesos crueles, invasivos y tortuosos, nada de eso fue responsabilidad de ellxs, tampoco de ellas. Tienen derecho a saber que el proceso de su nacimiento no provocó esas cicatrices en sus madres sino que son las heridas devastadoras que imprime un modelo de atención misógino y violento, que el problema no fue su nacimiento sino cómo éste fue asistido. Merecen saber que sus nacimientos podrían haber sido experiencias para celebrar y disfrutar. Lxs niñxs no solo cargan en sus cuerpos con las heridas de los nacimientos que tuvieron, sino que llevan a cuestas la culpa de haber generado en sus madres tanto sufrimiento y angustia.

Es profundamente doloroso asumir que hemos sido violentadas y engañadas, duele reconocer que aquellas decisiones que tomamos pensando que era lo mejor para nuestrxs hijxs en realidad significaron un peligro. Y por supuesto nos carcome la culpa, porque para eso hemos sido socializadas, para sentir que algo hicimos para merecer la violencia que sobre nosotras se despliega, que somos nosotras las que estamos en falta aunque todo el sistema esté ordenado para oprimirnos sistemáticamente.

Lxs niñxs, y en especial las niñas, tienen de derecho a saber que la historia de su nacimiento podría haber sido otra. Es de vital importancia que sepan que si tuvieron nacimientos atravesados por hechos de violencia no fue porque así es mejor o porque no hay otra alternativa. Merecen saber, aunque a sus madres nos duela contarlo, que existen otras maneras de nacer y que en todo caso ellxs y nosotras fuimos violentadxs por un modelo de atención nocivo y cruel.

Para pensarnos desde el deseo, el placer y el disfrute, lxs niñxs y las mujeres merecemos romper con el relato de la violencia y la tortura. Es indispensable terminar con la idea del parto como hecho médico y retomar el lugar protagónico que tenemos como díada. Merecemos saber y contarnos una y otra vez que los nacimientos son nuestros y suceden en, por y gracias a nosotrxs. Necesitamos volver a ubicarnos en el centro de la escena, crecer con imágenes y relatos de nacimientos como hechos sanos, de libertad y poder. Rodear a lxs niñxs de estos relatos les permitirá, cuando sean adultxs, tomar decisiones desde la información y no desde el miedo.

LA EXPERIENCIA QUE DESAFÍA AL SISTEMA

Relatos de otrxs

¿Y por qué no?, por Daniela Davezac

"¿Y por qué no?", se preguntaba mi madre. Estiró la mano para sacarme de la cunita en la que me habían traído las enfermeras y desobedeciendo la indicación de esperar dos horas antes de amamantar, me prendió a su pecho. Colechaba conmigo, comíamos en la cama, me dejaba faltar a la escuela, respetaba mis tiempos. Con esa pregunta instaló en mí una matriz de aprendizaje cuestionadora. Me enseñó que no hay una sola manera de hacer las cosas, me enseñó a mirar más allá, a escucharme.

Estudié obstetricia porque quería acompañar a las personas, no dar indicaciones, estar ahí, ayudar, aliviar, explicar, mirar, contener, escuchar, acariciar.

Durante las prácticas de la carrera recibí varios apercibimientos. Una vez estaba acompañando a una mujer en su inicio de trabajo de parto, ella iba y venía con el ritmo de sus contracciones adentrándose en el proceso. Mi tarea era controlar el ritmo de contracciones que tenía en diez minutos y su duración en segundos. Si no eran 3 contracciones de 30" en esos 10´ se colocaba Oxitocina. Entonces llegaba la pregunta inquisidora de la médica "¿qué dinámica tiene?" y yo nunca tenía el dato exacto; sabía cómo se sentía, si podía descansar y reponerse entre cada contracción, si tenía mucho dolor o no, si tenía sensación de pujo. No las contaba y ahí venía el reto. Me decían que yo debía controlar los tiempos del expulsivo y que darle la mano a la paciente no era mi tarea.

Imaginaba mi propio parto y pensaba en juntar mucha plata para poder pagarle a alguien que me respetara y me tuviera paciencia. No entendía cómo personas desconocidas te separan de tu bebé apenas nace, invaden su cuerpo con sondas, pinchazos y exámenes, te lx entregan bañadx y cambiadx para que lx conozcas así. Por aquel entonces no se hablaba de Parto respetado, menos en la facultad.

En el 2005, en un congreso de Parto Humanizado conocí parteras que acompañaban nacimientos domiciliarios, me invitaron a La Casa de las Parteras, me abrieron ese mundo. Junto a las mujeres y sus familias fui aprendiendo en cada parto-nacimiento, tuve que reorganizar el conocimiento académico a la luz de estas nuevas experiencias: casi nada de lo que sucedía se condecía con lo normalizado por la institución. Por momentos nos angustiábamos, las estructuras aprendidas ya no nos servían, sentíamos miedo de desafiar al sistema médico hegemónico, ansiedad por comprender lo nuevo y por la responsabilidad de desempeñar con conciencia, conocimiento y seguridad nuestro rol. Con Fran y Naty comenzamos a concurrir ad honorem a la guardia del miércoles a la noche del Hospital Bocalandro, asistíamos entre las 20hs y las 08hs nacimientos "como en casa". Con la anuencia del equipo y la seguridad del quirófano al lado descubrimos que los periné no se rompen sin episiotomía, que los expulsivos pueden ser muy largos y que lxs bebés nacen vigorosxs; que nos podíamos adaptar a cualquier posición que eligiera la mujer, que es imposible predecir la duración del trabajo de parto, que no existe la mujer que "no colabora". Aprendimos que cada nacimiento es único.

Parí en mi casa con ellxs, por supuesto, Naty y Fran: amigxs, parterxs, compañerxs de ruta. Sucede que al cuestionar un aspecto de lo instituido, en este caso el parto-nacimiento, a veces descubrimos la dominación, el adoctrinamiento y el disciplinamiento al que somos sometidxs para ser funcionales y reproductorxs de ese mismo sistema. Nos ponemos otros lentes y ya no podemos ver de otra manera.

Cuando me reincorporé al trabajo llevaba a cabo el control prenatal en una salita. Habiendo acompañado a mujeres en sus casas y pasado personalmente esa experiencia por el cuerpo sentí que no podía quedarme en cada caso individual, en ese momento en particular del parto-nacimiento. El empoderamiento de elegir cómo, dónde y con quién parir es un privilegio para quienes tienen la autonomía y el dinero que les permite tomar la decisión.

Desde el sistema público de salud podía hacer algo. Cuestioné al Control Prenatal y su definición:

> "Se entiende por **control** prenatal, a la serie de entrevistas o visitas programadas de la embarazada con los integrantes del equipo de salud, con el objetivo de **vigilar** la evolución del embarazo y obtener una **adecuada preparación** para el parto y la crianza."

Pensé en mi función: ¿A quién quiero "controlar"? ¿Para quién debo "vigilar"? ¿Puedo yo decir quién está adecuadamente preparada para el parto y para la crianza? Las que somos madres sabemos que en la crianza vamos *aprendiendo y redefiniendo nuestro rol en una relación dialéctica con nuestrxs hijxs, proceso de enseñanza-aprendizaje del que no se egresa nunca y menos aún se obtiene de una certificación. Comencé a llevar a cabo el Acompañamiento grupal del cuidado a la salud perinatal, espacio en el que, luego de una primera consulta individual, nos juntamos a desayunar agrupadxs por fecha probable de parto. Me corrí del lugar de saber absoluto, verticalista y hegemónico porque el saber es una construcción colectiva. Nos acompañamos desde el intercambio de experiencias, nos fortalecemos y formamos redes de contención. El espacio se centra en las personas como protagonistas de su proceso en esta que es una etapa más del desarrollo sexual de su vida. Trabajamos en el fortalecimiento de la autonomía para la toma de decisiones de manera libre, consciente e informada. Este modo de abordar la salud supone un desafío, porque implica trascender las matrices de aprendizaje profundamente arraigadas del modelo médico hegemónico; ya no se trata de ser la fuente de saber sino de poder dialogar con una multiplicidad de saberes. Las mujeres tenemos saberes: los de las mujeres de nuestra familia y nuestras amigas, los que obtenemos a través de internet, los que compartimos con una doula.*

Cuando coordino los grupos pondero la subjetividad abordando a cada persona desde su singularidad. Tengo siempre presente el lugar de poder que me confiere mi rol y la necesidad de trabajar la propia expectativa, la actitud maternalista y la frustración, que aparecen como vestigios de la formación médica que obtuve.

El miedo que generamos las mujeres sin miedo, por Daniela Brizuela

Decidir, elegir, optar, parecieran simples sinónimos, distintos verbos que significan lo mismo. Pero cuando una mujer los pone en práctica en relación a su autonomía y a su cuerpo dejan de serlo y cobran un significado mucho más sólido, fuerte, intenso, que da la oportunidad de cambiar la mirada y transformarla en una más consciente y crítica.

Elegir dónde, cómo y con quién parir es un acto político. Sí, con todo lo que la frase trae y lo que la moda le suma. Yo la siento, la hago propia, la escribo y la transmito porque a partir de esa decisión, una de las más importantes de mi vida, yo soy otra, completamente otra mujer.

Planificar mi parto y el nacimiento de mi hija en mi casa implicó cuestiones mucho más profundas que preservar el recuerdo mágico de ese momento. Fue decirle no *al trato impersonal, a las intervenciones innecesarias sobre mí y sobre mi hija,* no *a los deseos de otrxs. Fue imponerme ante todo y ante todxs con la palabra y con el cuerpo. Cuerpo de mujer, tantas veces cosificado, vapuleado, ninguneado, hasta en el momento más primal, el de nacer y parir. Es por eso que soy otra.*

Una o varias veces escuché que la mujer que pare en su casa, ejerciendo autonomía en sus decisiones en relación a su cuerpo, ya no tiene miedos. Yo los tengo, pero no son tantos y son compartidos.

Las mujeres sin miedo generamos miedo, porque somos impredecibles, incontrolables, poderosas, libres. Elegimos, decidimos, optamos e inevitablemente compartimos las miradas, las ideas, los deseos con otras mujeres que nos invitan a pensarnos, a sentirnos y a contar.

Mi hija Violeta me invitó, por eso pienso, siento, cuento y estoy profundamente agradecida.

Emilia y Elena: una historia de poder con otres, por Andrea Paz

"¿Cuando sea grande yo tengo que ser mamá?" me preguntó Emilia mientras acariciaba mi panza de 6 meses de embarazo de su hermana Elena. Me quedé en silencio, esos silencios que me cuestan tanto y son tan imprescindibles. Necesité pensar la respuesta. i propio cuerpo socializado en el mandato materno pude decirle: podes elegir si querés ser madre o no.

Yo no pude elegir si quería ser madre. Pienso que hubiera elegido maternar pero lo cierto es que la maternidad como mandato incorporado y naturalizado nunca estuvo puesta en duda. Pude luchar por otras libertades. Pude elegir el momento. Cuando tuve un embarazo no deseado, con mucha dificultad, pude interrumpirlo. Pude desear los embarazos de mis hijas junto a Federico, mi compañero. Busqué deseosa maternar a Emilia y a Elena. Pude planear sus partos en nuestra casa.

Toda elección de parto domiciliario tiene una historia atrás, un recorrido, encuentros y desencuentros, conflictos, luchas, disputas, vínculos que se construyen, procesos de deconstrucción de una y de le compañere, una red que se trama. Cada parto en casa será singular pero lo que los une es ese motor de deseo de libertad y de recibir a nuestres pequeñes con el amor y el cuidado que elles necesitan.

Elegí un parto planificado en domicilio apenas supe que estaba embarazada de mi primera hija, en el año 2009. No conocía equipos, no sabía por dónde empezar ni adónde ir. Solo sabía que mi amiga Maite había parido a su hijo Ibai en su casa, en Bilbao, con un equipo de matronas. Ella me mandó algunos textos para leer y así fui a mi primera revisión ginecológica con Andrés, mi médico habitual. Él no era obstetra desde hacía muchos años. Le dije que quería encontrar un equipo médico que no me tratara de enferma porque quería que mi proceso de embarazo y parto no sea medicalizado, que quería un equipo que me acompañe pero que yo quería parir a mis tiempos, con mis reglas, en libertad. A lo que respondió: "eso que vos querés en el hospital es imposible; conozco a Marga, una obstetra que enojada con el sistema que vos describís se fue a asistir partos en casa".

¿Es imposible en una institución de salud? *No sé. En el año 2009 hubiera contestado que sí. Todavía no había abierto sus puertas la Materni-*

dad Estela de Carlotto que hoy nos permite pensar otros modos institucionales en el acompañamiento de partos y nacimientos. Lo que sí creo es que las relaciones de poder que se despliegan en casa o en una institución de salud habilitan posibilidades bien distintas.

Emilia no pudo nacer en casa, yo no pude parirla como lo había deseado. El trabajo de parto se inició prematuramente, por una supuesta corioamnionitis, a la semana 30. Contracciones de parto inesperadas, fiebre, miedo, mucho miedo. Fede llamó a Marga y fuimos al hospital. Sin muchas más explicaciones que "en estos casos recomendamos cesárea" Emilia nació con un 1.440 Kg. Estuvo internada 35 eternos días en neonatología.

Antes de empezar a buscar otrx hijx busqué información sobre prematurez, pero también sobre parto vaginal después de cesárea. Así llegué a conocer a Leila, quien sería mi doula. Ella me pasó información y algunxs médicos obstetras que acompañaban PVDC. Cuando quedé embarazada de Elena no pude pensar en el parto sino en llegar a la semana 40, aunque sea a la 37. Tenía mucho miedo de volver a pasar por neonatología y de sentir ese temor tan profundo del día a día en la evolución de la salud de la beba.

Un día de mucho calor nos juntamos en Berazategui con mi amiga Maite, que se acababa de enterar que estaba embarazada de su segunda hija. Había venido a Buenos Aires para acompañar a su hermana Amaia en el nacimiento de Lur. En ronda, sentadas a una mesa, disfrutando de ese momento único de estar las tres embarazadas, Amaia me relató los encuentros con sus parteras y me habló de Caro. Yo, en semana la 14, seguía sin poder pensar en el parto, pero la pregunta amorosa de una amiga me situó en ese lugar y supe que si pasaba la semana 37 iba a querer que Elena naciera en casa, como habíamos planificado con Emilia años atrás. Días después la llamé a Caro.

La elegimos y ella nos eligió a nosotres. Le dijimos que no sabíamos si queríamos que naciera en casa, teníamos más temores que la otra vez, ella nos escuchó. Con el transcurso de los encuentros, sin tiempos de reloj cronometrados, fuimos hablando de los miedos, los míos, los de Fede, los de les dos. Así fue apareciendo el deseo de recibir a Elena en casa, de poder parirla en libertad. Algunos miedos se disiparon, otros no, pero las elecciones sucedían.

Cerré mi cuerpo para que Elena no naciera antes; un cierre emocional, visualizaba y pensaba ese quedarse de Elena en mi panza. Pasada la temida semana 37 fuimos trabajando con Caro el soltar y abrir para darle lugar al *nacimiento. Justo el día que se cumplía la semana 40, luego de un llanto pro-fundo que Fede acompañó con su cuerpo y sus palabras dulces, se escuchó un chasquido. Estábamos por irnos a dormir pero eso no iba a suceder. El líquido empezó a brotar. El parto se iniciaba de un modo amoroso en nuestra cama. Las contracciones eran seguidas, como olas en la orilla del mar, llegaban y se iban al ritmo de Elena y de mi cuerpo. Fede llamó a Caro. Caro a Melina. Llegaron, me revisaron, y se fueron a la cocina, de donde irían y vendrían cui-dando el fino equilibrio entre acompañar, cuidar y resguardar nuestro espacio de intimidad. Nosotres estábamos a oscuras en nuestra pieza. Emi dormía. Frida, nuestra gata, miraba distante pero atenta. Yo estaba subida a mi pe-lota azul, donde pasaría gran parte de mi trabajo de parto. Fede me sostenía. Caro me agarraba la mano. Meli me hacía unos masajes que calmaban un poco las contracciones. Solo en un momento quise acostarme en la cama porque me sentía muy cansada, pero cuando vino la siguiente contracción le pedí a Fede que no me dejara acostar más, el dolor se había tornado insoportable en esa posición. Llegar a la dilatación completa fue un proceso suave, como en un vaivén, pero a medida que Elena bajaba el dolor iba en aumento. Finalmente coronó. Ya hacía rato que me sentía muy cansada y los dolores se habían vuelto muy intensos. Me habían dicho "cuando no das más es porque la beba está por nacer". Pero eso no sucedía. Tenía muchas ganas de pujar, pujaba, pero Elena no nacía. Me movía, volvían las ganas, pujaba, pero Elena no se movía de donde estaba. No puedo, le dije a Fede. Caro, dulce pero firme, me decía "sí que podés, estás pudiendo". No puedo, volvía a repetir. Después de un largo rato Caro me preguntó a qué le tenía miedo, "a nada" le respondí. Me sentía traba-da. Elena quería nacer pero yo no la podía parir. Caro me volvió a preguntar "¿En el nacimiento de Emilia a qué le tuviste miedo?" Y lo que sucedió después fue lo más cercano a la magia que viví. Nunca lo había pensado, pero me largué a llorar y le dije "No quería que Emilia naciera, porque pensé que si nacía se iba a morir, no quería que saliera de mi cuerpo". Lloré. Caro me hizo escuchar a Elena y me dijo "ella no es Emilia, Emilia está bien, ella es Elena y quiere nacer". Entonces pedí sentarme en el banquito y en dos pujos Elena nació, a las 9:50, exactamente a la misma hora que su hermana había nacido 5 años atrás.*

Esa noche dormimos los 4 juntos en nuestra casa.
Parir en casa es parir con poder. Qué es el poder sino esa red que sostiene las decisiones soberanas sobre nosotras mismas y nuestros cuerpos. Parir con poder es parir con amor.

La confianza soberana, por Delfina Medeot

Un acto de soberanía es aquel que no pide permiso, es la afirmación de un lugar y un tiempo en el mundo, una alineación entre el deseo y el escenario que se plasma en el afuera. El nacimiento de Amber fue un verdadero acto de soberanía. Para ambas, porque a su manera y a través de mi intuición, ella también pavimentó el camino que nos trajo a las dos a este lado del mundo.

Mi embarazo fue placentero, exuberante, enorme, sexual, deseado, deseante. El contacto directo con el clima político en Buenos Aires en ese momento, el activismo por la conquista de derechos sexuales y reproductivos, la hermandad de fuego con mis amigas-madres fueron piezas vitales en la configuración del plan para parirla. Parirla. Pronuncié esa palabra muchísimas veces mientras estaba embarazada, me miraba al espejo y observaba el juego de los labios y la lengua, notaba el espacio interno inmenso que creaba la p inicial, la a final. Amber es mi niña nacida después de cesárea.

A mí y a mi hijo Indi nos robaron esa experiencia. Me tomó tiempo entenderlo, especialmente porque fui yo quien en el último momento dijo sí a la invasión total de las prácticas médicas en su orden más predecible: dejar la casa en estado de semi pánico ante el abandono tácito de quien oficiaría de partero, llegar al hospital, entrega total al subirme a la cama, rotura artificial de bolsa, oxitocina, Epidural, maniobras cruentas, cesárea. En retrospectiva, mi planificación fue ingenua, desde un lugar idealizado, sin disposición a embarrarme en las arenas turbias de lo que significa romperte en pedazos.

Entonces, PVDC. Para mí era imposible parir a Amber sin examinar de cerca todos esos fantasmas y demonios que se habían soltado en el nacimiento de Indi. Era importante lamer esas heridas, saber exactamente qué y dónde dolía más, qué tenía ganas de esconder, qué me daba vergüenza confesar, qué pensamientos oscuros aun sostenía y alimentaba para exponerlos, cauterizarlos, exorcizarlos. Amber no venía a sanarme a mí. No venía con una misión revanchista. Ella venía, porque así es su potencia, y con su llegada yo me abrí a una nueva oportunidad de indagar y crecer.

Recordar mi tránsito con Amber adentro me lleva a recordar especialmente conversaciones con mis amigas del alma, con mis parteras, con mi hijo.

Mi preparación tuvo que ver con eso, con desenmarañar, destrabar, abrazar, gozar de la contención que me ofrecían, la convivencia con niños y niñas a toda hora. Darle vueltas a las cosas y a los deseos, entender los bordes entre el anhelo y la fantasía, bajar a tierra toda la información que me llegaba por todos esos canales. Fueron horas y horas de palabras, de estallar de risa, de comer chocolate, de saberme amparada. Aquí otra revelación, que como muchas otras se tomó su tiempo de cristalización, imposible de acelerar o detener: todo aquello que me nutría, con lo que iba develando el camino, venía de la mano de mis amigas, de la manada. No de la pareja. Estar tan dispuesta a zambullirte en un mar de preguntas, en los océanos de lo desconocido, en el proceso psíquico y físico de gestar y dar a luz fue solitario en ese aspecto. Mi pareja en ese momento acompañaba mis decisiones, en el sentido más estricto de la palabra, sin embarrarse. Las que estaban en el fango conmigo eran las amigas.

Estaba muy en contacto con mi cuerpo desde un lugar nada rígido ni dirigido. Me entregué a masajes, bailes, manipulaciones osteopáticas, orgasmos, caminatas. Me eché en el pasto, floté en el agua. Había algo en esa desobediencia a los preceptos típicos de la embarazada promedio que me generaba mucha paz con el momento y el entorno. Y no era algo casual ni fortuito, era espontáneo, pero a cada paso asentaba y afianzaba un camino coherente y congruente. Espontáneo, no aleatorio. Cada vez que aceptaba o rechazaba alguna práctica de Control de embarazo mi deseo y el escenario se afinaban más, en vibración análoga, como dos notas musicales.

Parirla. La tarde se desmoronaba y yo encallada en la cama comiendo un brownie. Típica yo en esos días. Ballena. Barco. Hipopótama. Acostar a Indi, dormir una rato, despertar con el sacudir de mi útero. Aquella sensación tan de trabajo de parto que es levantarte de hacer pipí y sentirte entrar en un estado no ordinario de conciencia. Quienes hayan tenido experiencias psicodélicas saben bien de lo que hablo. El tiempo-espacio se desdibuja, sabemos que el mundo es el mundo y que nuestra percepción del mundo es otra, porque no es el mismo mundo. Se han abierto otras puertas, el aire tiene otro sabor, el pensamiento lógico se retrae y da lugar a los saberes incuestionables, a las certezas intuidas.

En este punto es casi una obviedad. Qué importante cuidar esa burbuja, qué vital preservarla. Una mujer pariendo en aquel estado claro y afilado, capaz de estar en íntimo contacto con la criatura que va a nacer, capaz de detectar la adrenalina de alguien en otra habitación. La labor de una partera es, en esencia, esta: generar y preservar un entorno donde la mujer pariendo es capaz de confiar, entregarse, abrirse, explotar.

Pocas cosas me permiten sentirme tan libre como cuando puedo confiar. Mis parteras y partero me inspiraron tanta confianza que me sentí libre. Ellas también confiaron en mí y en mi proceso y supieron tomarse su tiempo para llegar a mi casa cuando el papá de Amber las llamó. Mientras eso transcurría, el tiempo iba muy rápido para mí, como cayendo por un túnel, tuve muchas visiones, pensamientos torcidos, miedos ridículos, recuerdos extraños. Mi cuerpo quiso pasar la mayoría del tiempo parada, recuerdo esa sensación de empujar la pared, gritar, gruñir, abandonar mi peso contra la pared, sentirme hiena, yegua, osa. Sentir el grito de generaciones enteras de mujeres que me precedieron soltando sus aullidos a través mío, en ese, mi momento de aportar a ese mar de experiencias colectivas, a aquel flujo de conciencia que baja a caudales para darnos aliento cuando sentimos que no damos más. Yo bebí de ese caudal, invoqué a mis abuelas, bisabuelas, tátaras, a todas las innombradas que parieron antes que yo, que tuvieron miedo, que creyeron que no podían. Todas ellas me recordaron que podía y mi voz va a sonar ahí para las generaciones que vengan. Eso también es soberanía, el reconocimiento de un saber colectivo, honrar el camino recorrido previamente.

Flotar en el agua fue perfecto. La pileta de partos del grupo de mujeres de PVDC, tan llena de mística, escenario de tantos nacimientos amorosos, una vez más la red de mujeres sosteniéndonos. Las sensaciones físicas de un parto son tan potentes, fuertes, guturales, es esto de saber que no hay para dónde hacerse, dejar que las olas te revuelquen, sentirte atravesada por un cuerpo empujando tu coxis, la sensación de partirte al medio.

Dormitar. De repente, la luz del día. Así, sin más: claridad. Una energía inusitada mostrándome claramente, es ahora. Tocar su cabeza. Pujar, pujar, pujar eternamente, horas enteras, sin entender muy bien dónde está el espacio entre una contracción y otra. Esa sensación tan extraña de tenerla dentro y fuera al mismo tiempo. Por fin, de este lado. Estaba cansada, morada, no respondía. El choque de temperatura. Nunca tuve miedo, le hablé, la mimé, la olí, la abracé. Y habitó su cuerpo, con un impulso y un fuego que le son tan propios.

Después, lo mejor. Comer, dar la teta, dormir, saber que todo lo que elija para ella es mi responsabilidad. Saber que ese fue apenas el comienzo, que *maternar tiene montones de momentos bisagra en los que se juegan cuestiones profundas y vitales. Lo emergente es apenas eso, bajo la superficie siempre estamos lidiando con la vida, la muerte, la libertad, los deseos, la verdad. La brújula que he aprendido a utilizar es esa resonancia, es buscar que esas dos notas se acerquen lo más posible, que los deseos construidos sin ingenuidad, con pensamiento y corazón se plasmen en realidades concretas, auténticas, que no pidan permiso.*

Todo amor es político, por Vero, Lau, Aruma y Auca

Si hace 6 años nos hubieran dicho que parir era un acto político, habríamos dicho que no. Hacía ya algunos años que como lesbianas veníamos visibilizando nuestros deseos, asumiendo que lo personal es político: son políticos nuestros deseos, nuestras decisiones, nuestros cuerpos. ¿Pero parir? Parir era un acto extremadamente íntimo.

Cuando en 2013 nos preguntamos ¿y si parimos en casa? no imaginamos cuánto cambiarían nuestras vidas. Una pregunta como un fusil. Las charlas, las lecturas, las miradas, convirtieron el futuro acto de parir en un hecho colectivamente íntimo; y político.

Dos partos absolutamente respetados, con una diferencia de 3 años, nos hicieron más conscientes de la opresión que sufrimos las mujeres y de cómo esa opresión se ejerce a través de nuestras relaciones más íntimas. Y la relación más íntima que tenemos es con nuestro propio cuerpo. Lo personal es político, dijo K. Millet, frase que de tan repetida pareciera perder su sentido más hermoso. Sin embargo, para nosotras cobró intenso sentido cuando pudimos parir con la libertad que trae la conciencia.

Parir en nuestra casa implicó enfrentar miedos. Implicó escuchar todas las voces y querer quedarnos con las más amorosas. Implicó desmontar estructuras y plantar otros cimientos. Implicó desafiar, una vez más, a un sistema heterosexista que insistía en preguntar dónde está el papá. Implicó desarmar el rompecabezas de la hegemonía y tirarlo a la basura, sabiendo que hay otros rompecabezas posibles, más difíciles, que llevan más tiempo, más paciencia, más voluntad y más entereza. Implicó resistir, llorar, sentir la soledad. Implicó, literalmente, una nueva vida.

Parir y nacer en casa nos hizo más fuertes, y sin dudas nos hizo más libres. Libres para cuestionarnos, para criar, para enfrentarnos; y a veces también para ir con la corriente sin culpa.

Cuando Aruma nació, nacimos también como mamás. Cuando Auca nació, también nació una hermana y nosotras volvimos a nacer. Ahora somos 4 para dar batalla.

Con el mismo poder que les abrazamos al nacer, elles nos abrazan ahora cada mañana.

Una fuerza nace de mis entrañas, por Verónica Capriglioni

Hacía un mes que durante todas las noches me sentaba a los pies de la cama, con la espalda en la pared, con dolores intensos, con la seguridad de que esa era la noche. Pero a las 5 de la mañana el vientre se relajaba; los minutos dejaban de ser una preocupación y con un suspiro de frustración mi mente se hundía en un sueño profundo. Fue una gestación diferente a la soñada, a la esperada, a la ya experimentada. Fueron sentimientos tan duros, tan terminantes los que el nacimiento traía en la fantasía, era el corte de algo, el final de un sinfín de lágrimas, miradas, esperas y añoranzas.

Aprender que nada puede ser tal como lo planificas. Aprender que nada, absolutamente nada, saldrá igual.

Esa mañana me despertó el grito de Auca avisando que ya era el momento. Los dolores eran intensos y mi cuerpo amanecía envuelto en una alegría que hacía tiempo no me invadía. Durante horas sentí que todo mi ser se llenaba de una energía diferente a la que conocía, necesitaba moverme, hablar, cantar, caminar, reír. Necesitaba estar activa, bien presente. Disfrutar.

Te movías tanto que desencadenabas dolores insoportables, de esos que te paralizan el cuerpo. Tantas veces, incontables veces deseé que salieras, pedía llorando, gritando, riendo, de miles de formas pedía que salieras. Y ese día ya estaba ahí, asomando.

Todo se fue organizando de forma que la tarde nos encontró a lxs cuatro esperándote en una habitación, que no era nuestra pero que supimos apropiarnos, como de cada centímetro de esa casa que nos fue entregada sin titubeos. Ahí nos reunimos, sobre el borde de la cama. Duele, duele tanto que es insostenible y grito "no puedo más" y tengo calor, tengo frio, se me cierran los ojos. Las lágrimas secas rajan mi cara. Tengo la certeza que me desvanezco. Pero esas voces me traen de vuelta. "Si, vos podes", "hermosa", "ya está ahí", "Te amo". Esas voces, esas miradas que fortalecen el cuerpo, que hacen que te conectes con lo más primitivo que existe en este ser mujer, en mí ser mujer, con mi historia, con mi recorrer espacios, con mis maternidades diversas.

De pronto aquel grito desgarrador, que abre tu cuerpo, que acompaña cada movimiento de tu esqueleto, que se abre para dar paso a la vida. Lo siento, puedo recordar cada sensación. La cintura, la cadera, arde. Siento que quema, el dolor quema. El impulso me lleva al piso, y así, en cuatro patas, una fuerza nace de mis entrañas y percibo tu cabeza atravesar mi vagina. Grito empoderado de un parto animal. Tu cuerpo pasa y lo siento, tu llanto llega y renueva mi vida.

Esta geografía tuya y mía: el camino de Kyara y Violeta

Antes de ser nosotras yo era solo yo, y en ese entonces creía que era yo la que decía y deseaba. Antes de ser nosotras, este cuerpo que ahora te acuna, te acompaña y te cuida era supuestamente mío, y en ese entonces, que parece tan lejano, yo me creía dueña y poseedora de él, creía que era yo quien dictaba las normas y daba los permisos, que era mío y nadie tenía poder sobre él; algo entendía del cuerpo que se construye socialmente, de los condicionamientos culturales que conforman mi interior, pero me creía una mujer liberada y fin de la historia. Ahora que vos lo habitás y lo reclamaste como tu tierra me doy cuenta de que jamás fue tan mío como ahora que es nuestro, que antes de nosotras no era yo quien tenía poder sobre él y que ahora que lo hemos hecho tu regazo me devolvés mi cuerpo hecho mío. Ahora que tuve que defenderlo de las imposiciones y las normas sociales, de lo correcto, de los modelos (de mujer y madre) para hacer de él tu nido y tu raíz, ahora entendí que es poderoso, insumiso y rebelde por amarte y brindarse para tu sostén. Ahora, por fin, empieza a ser mío, ahora que lo defendí para vos, lo fortalecí para vos e hice de él un asunto político, ahora que en el tránsito de hacerme madre tuve que saber de mí, escucharme y quererme a la par que supe de vos, te escuché y te amé. Ahora, recién ahora, este cuerpo empieza a ser mío.

Antes de ser nosotras mi cuerpo era un territorio conquistado por un sistema opresor y violento, podía hacer con él solo lo que los límites del patriarcado habían dictado para mí. Aprendí a odiarlo por no ser suficiente, aprendí a amarlo solo cuando un varón lo elegía, aprendí a decorarlo para que sus errores no fueran tan evidentes, aprendí a ocultarlo para pasar desapercibida y no ser objeto de violencia sexual. Pero llegaste vos y tu cuerpo de mujer se hizo perfecto ante mis ojos, ¿cómo enseñarte aquello que te haría odiarlo? Llegaste vos y solo quise acunarte, sostenerte, ampararte. Crecí escuchando sobre el instinto materno, crecí asumiendo que ser madre era mi destino, pero cuando al fin fui madre y cumplí con el mandato, me encontré con que mi instinto era ignorarte, dañarte, llenarte de vacíos y carencias, "no upa, no teta, no mimos, no amor; disciplina, obediencia, miedo, dolor". Mi cuerpo rugió como el de una leona en guerra y antes de que lo aprendido pudiera hacerse carne, mi cuerpo transgresor se brindó a vos y por primera vez fue mío, por primera vez no fui una niña buena, por primera vez el qué dirán fue insustancial y solo importó qué necesitábamos y deseábamos vos y yo.

Me hiciste tomar conciencia de la sangre que me recorre, el aliento que me invade, la masa de tejidos, músculos y huesos que me conforma; en el acto de gestarte y darte vida tomé conciencia de mi propia existencia y de golpe empezó a pesar más la vida y menos la supervivencia. Gracias a vos conocí el poder de mi cuerpo, la fuerza de la que estoy hecha, la salvaje que me habita y que está dispuesta a defender con uñas y dientes el territorio que va conquistando.

Antes de ser nosotras, yo era solo un hecho de retazos de todas aquellas "verdades" heredadas, era solo un cúmulo de todo aquello que me dejaron los condicionamientos y paradigmas, una yo que se creía suya pero no era más que un producto de esta sociedad. Ahora, hija, ahora que soy nuestra, tengo que reinventarme y reinventar un universo posible para todos tus posibles, ahora no tengo más remedio que desnudarme, sacarme el vestido heredado, la máscara impuesta y entregarme a nosotras, sin muchas certezas y con muchas preguntas, sin muchas verdades, pero deshaciendo mentiras. Ahora que soy nuestra me doy cuenta de que nunca fui tan libre para ser yo misma.

Ser tu madre me regaló la rabia, esa rabia potente y furiosa que la socialización de niña buena me quitó para dejarme indefensa ante el abuso. Fue viéndote a vos, mujer, y las cadenas se rompieron y ya no hubo vuelta atrás, fue en tu imagen que entendí que las violencias que sufrí no las viví por tener mala suerte o por no ser lo suficiente buena sino por ser mujer. Fue pensando en vos que machismo y patriarcado *dejaron de ser solo palabras para convertirse en una desgarradora realidad que transgredir y erradicar, fue sabiéndome madre de una mujer que la sumisión aprendida se me hizo insoportable. Verte me hizo ponerme en pie de lucha y levantar el puño en alto, gracias a vos dejé de esconderme para evitar la violencia. Hiciste del feminismo mi hogar. Una vez más, gracias hija.*

Violeta Osorio

La certeza que nos habita: el camino de Frida y Violeta

"¡Está ahí! Eso que presiona es la cabeza, vos dale lugar, no te vas a romper, ¡vas a parir!" mi cuerpo lo sabía, mi cabeza necesitaba escucharlo. Toqué tu cabeza, tu pelo tan suave y húmedo y supe que solo un pujo nos separaba. Ahí estábamos vos, tu papá y yo, en ese instante único de encuentro y despedida. Todo era silencio, calma y alegría. Los segundos se hicieron palpables, el mundo pareció detenerse ante la fuerza y el milagro de tu existencia. De pronto apareció esa sensación que antecede a la contracción, que la anuncia, respiré profundo, miré a tu papá y me anclé en sus ojos y en la fuerza de sus manos que me sostenían. Su mirada fue nuestra red. "Te amo" me dijo, y con esa frase habitándome me fui al otro mundo para traerte conmigo. Una vez más, la última, iba a zambullirme en ese mar, fui plena a su encuentro, repleta de intensidad y poder; la ola fue creciendo y con ella la fuerza, el pujo, el grito, la certeza. Mi cuerpo entero se abrió dándote paso, mientras tu papá repetía "¡bienvenida!". Te sentí tan dentro mío, tan hondo, tu cuerpo suave, pequeño, resbaloso deslizándose a través de mí y luego tus ojos que nunca olvidaré, tu mirada estrenada bajo el agua en calma, en paz. Te parí en libertad y con poder, viví tu vida en libertad y con poder.

La elección de un parto planificado en domicilio supone una intensa labor de búsqueda de información, de derribar mitos, de encontrarse con miedos insospechados, de cuestionar el modelo dominante y, sobre todo, de asumirse protagonista del proceso.

Soy una mujer sana, cursé un embarazo sano y mi hija fue una bebé sana, ¿por qué habría de ir a una institución médica a parir, territorio de la enfermedad y la patología si puedo parir en la intimidad de mi casa? Elegí parir en casa y ser asistida en la totalidad del proceso por parteras; el seguimiento del embarazo, la atención del trabajo de parto, el parto, la recepción de mi hija y nuestros cuidados en el posparto fueron realizados íntegramente por ellas como profesionales idóneas y autónomas. Sé de su valor, su inmensa labor, su idoneidad y compromiso porque lo viví, porque como familia tuvimos la certeza de que contar con su asistencia era, es y será la mejor decisión. Pero claro, elegí parteras que saben que su compromiso es garantizar nuestros derechos y favorecer nuestra autonomía, no parteras que sirven al Estado y a sus intereses patriarcales y misóginos.

Fue en mi casa, como dueña y protagonista, que descubrí un placer visceral y profundo que no tiene palabras que lo nombren porque es parte fundamental del poder que el patriarcado nos expropió. Parir en casa fue uno de los actos de mayor soberanía que he vivido. Fui protagonista de una escena en la que mi hija y yo éramos las únicas imprescindibles. Tuve total consciencia de mi fuerza, mi potencia, mi libertad, desplegué toda mi intensidad, fui sin miedo al qué dirán, rompí en pedazos el deber ser. Fui plena al encuentro con mi hija. Reí, lloré, grité, me desnudé, metí la mano en mi vagina, toqué mi cuerpo desnudo y fuerte, jadeé, me fundí con una intensidad y una fuerza que desconocía y que por momentos resultaba aterradora, me moví sin restricciones, me abrí y mi consciencia sobre mí, mi fuerza y mi coraje se expandieron mientras mi cuerpo dilataba. Creí morir pero renací de mis cenizas con más fuerza y así construí un poder que ya nadie podrá arrebatarnos. Besé a mi compañero con pasión y deseo, fui acariciada por él con amor y placer, celebramos y disfrutamos juntxs cada paso. Pero aunque estuve sostenida por él en todo momento, el viaje lo hice sola; pocas travesías son tan arduas y solitarias como la de parir, en pocos momentos de mi vida he tenido tanta conciencia de la fuerza imparable, arrolladora e indómita de la que estoy hecha. Me adentré en un mundo desconocido para traer a mi hija conmigo y en el camino me rescaté a mí misma de la torre en la que fui encerrada de niña a la espera del príncipe azul. Sentí a mi hija, poderosa y salvaje abrirse paso a través de mi cuerpo, conquistar milímetro a milímetro su paso a este lado del mundo. La llamé con todas mis fuerzas para que nunca olvide que su nacimiento fue un acto de poder. La abracé, la olí, la besé, la sostuve sin soltarla, sin que nadie más que su padre pusiera un dedo encima de ella, con la tranquilidad y la certeza de que en mi casa son mis reglas. Mi parto fue mío y el nacimiento fue de mi hija. Ella nació en libertad y cuando habla de ese día repite "yo nací sola, porque pude", y la certeza de su poder y su fuerza la habitan por completo. Lo hicimos juntas, a nuestro ritmo, en nuestros tiempos, corriendo los límites, expandiendo las fronteras, descubriéndonos en toda nuestra potencia en el tránsito de su nacimiento.

Es esa experiencia vital, transformadora y de gran poder, que trasciende el momento concreto del parto para instalarse como una forma de vida y de interpelar al sistema patriarcal y misógino, lo que resulta tan transgresor y aterrador. Parir en casa fue para mí un hecho político, un viaje que no tiene vuelta atrás.

Violeta Osorio

Epílogo

Por siglos las mujeres hemos hecho frente a los embates de un sistema misógino y cruel; contra todos los pronósticos y a contramano de una sociedad patriarcal seguimos amando, soñando, deseando, forzando nuestros espacios de libertad, construyendo nuestro poder. Hemos parido y nuestrxs hijxs han nacido en condiciones de tortura y aun así hemos conseguido desplegar nuestra fuerza, maravillarnos ante su vida, conmovernos con su existencia y celebrar nuestra capacidad. Hemos llorado nuestros partos y los nacimientos de nuestrxs hijxs y con dolor, pero también con rabia, nos hemos jurado *nunca más, nunca más a mí, nunca más a otra, nunca más a ellxs*. Y así, con coraje y decisión, inventando los caminos que nos llevan a nuestra soberanía, haciéndole frente al patriarcado más arraigado que respira en nosotras, vamos obligando al sistema a cambiar. El *sexo débil* no se rinde, rendirse también es un privilegio del macho, nosotras sabemos resistir y luchar, porque no nos queda otra. La revolución del nacimiento es imparable, cuando una mujer pare henchida de poder, embriagada de intensidad y placer, extasiada de libertad, en total contacto con la fuerza infinita y salvaje de la vida, parimos todas y la humanidad entera se resignifica en la potencia de ese acto. Exigimos *nuestros* partos, los que nosotras deseamos y elegimos, no los que nos impone la ciencia, mucho menos los que nos imponen la conveniencia, las costumbres o los protocolos. Sin nuestras elecciones, deseos y necesidades en el centro cualquier cambio en el sistema es solo un maquillaje intrascendente. Las mujeres, con nuestrxs hijxs en el regazo, vamos por todo y vamos por más. Celebren y acompañen o teman y tiemblen, porque no hay vuelta atrás.

Bibliografía sugerida

—Bourdieu, Pierre, *La dominación masculina*, Barcelona, Editorial Anagrama, 2000.

—Burgo, Carlos, *Parir con pasión: escenarios, escenas y protagonistas del parto y del nacimiento*, Buenos Aires, Longseller, 2004.

— Canevari Bledel, Cecilia, *Cuerpos enajenados. Experiencias de mujeres en una maternidad pública*, Santiago del Estero, Barco Edita; Facultad de Humanidades, Ciencias Sociales y Salud y UNSE, 2011.

—Davis- Floyd, R., St. John, G., *Del médico al sanador*, Buenos Aires, Creavida, 2004.

— Ehrenreich, B., Deirdre, E., *Brujas, parteras y enfermeras.* , Barcelona, Editorial La Sal, 1981.

—Díaz Walker, Jorge, *Nacer en casa: lo mejor antes de lo mejor*, Buenos Aires, Grupo Editorial Los Nonos, 2005.

—Federici, Silvia, *Calibán y la bruja. Mujeres, cuerpo y acumulación originaria*, Buenos Aires, Tinta Limón, 2010.

–*Revolución en punto cero: trabajo deméstico, reproducción y lucha feminista*, Madrid, Traficante de Sueños, 2012.

–*El patriarcado del salario: críticas feministas al marxismo*, Buenos Aires, Tinta Limón, 2018.

—Fernández Del Castillo, Isabel, *La revolución del nacimiento: en busca de un parto más humano y menos traumático*, Madrid, Editorial EDAF, 1994.

—Foucault, Michel, *Historia de la sexualidad I: La voluntad del saber*, Buenos Aires, Siglo XXI Editores, 2005.

–*Historia de la sexualidad II: El uso de los placeres*, Buenos Aires, Siglo XXI Editores, 2005.

–*Historia de la sexualidad III: La inquietud de sí*, Buenos Aires, Siglo XXI Editores, 2005.

–*Microfísica del poder*, Madrid, La Piqueta, 1992.

–*Vigilar y castigar : nacimiento de la prisión*, Buenos Aires, Siglo XXI Editores, 2002.

—**García Carrascosa, Laura,** *"El miedo al dolor en el parto y cómo afecta a su desarrollo. Importancia del parto natural"*, 2010.

—**Gervás, J., Pérez-Fernández, M.,** *El encarnizamiento médico con las mujeres. 50 intervenciones sanitarias excesivas y cómo evitarlas*, Barcelona, Los libros del lince, 2016.

—**Hooks, Bell,** *El feminismo es para todo el mundo*, Madrid, Traficante de Sueños, 2017.

—**Kitzinger, Sheila,** *La crisis del parto*, Tenerife, OB STARE, 2017.

—**Le Goff, J., Truong, N.,** *Una historia del cuerpo en la edad media*, Editorial Paidós, Barcelona, 2005.

—**Lerner, Gerda,** *La creación del patriarcado*, Barcelona, Editorial Crítica, 1990.

—**Lorenzo, Bárbara,** *Parir en casa: relatos de partos domiciliarios*, Buenos Aires, Cien Lunas, 2017.

—**Menéndez, Eduardo,** *"Modelo médico hegemónico. Modelo alternativo subordinado. Modelo de autoatención. Caracteres estructurales"*, en *"La Antropología Médica en México, México, Universidad Autónoma Metropolitana, 1992.

—**Millett, Kate,** *Política sexual*, Madrid, Ediciones Cátedra, 1995.

— Ministerio de Salud de la Nación. Direción Nacional de Maternidad e Infancia, *Recomendaciones para la Práctica del Control preconcepcional, prenatal y puerperal*, Argentina, 2013.

—Odent, Michel, *El bebé es un mamífero*, Buenos Aires, Madreselva, 2011.

–La cientificación del amor, Buenos Aires, Fund. Creavida, 2005.

–Nacimiento renacido, Buenos Aires, Fund. Creavida, 2005.

—Organización Mundial de la Salud (OMS), Departamento de Investigación y Salud Reproductiva, *Cuidados en el parto normal: una guía práctica*, Ginebra, 1996. Disponible en https://www.elpartoesnuestro.es/recursos/oms-cuidados-en-el-parto-normal-guia-practica

— Pérez Chávez, Kattya, *Decisiones y omisiones en salud sexual y reproductiva: El problema de la mortalidad materna en Argentina*, Buenos Aires, Ediciones del CCC, 2007.

—Rich, Adrienne, *Nacemos de mujer. La maternidad como experiencia e institución*, Madrid, Traficante de Sueños, 2019.

—Rodrigáñez Bustos, Casilda, *Pariremos con placer*, Murcia, Ediciones Crimentales S. L., 2008.

– La represión del deseo materno y la génesis del estado de sumisión inconsciente, Murcia, Ediciones Crimentales S. L., 2007.

–El asalto al Hades: La rebelión de Edipo I, Madrid, Casilda Rodrigáñez Bustos (autora-editora), 2010.

– La sexualidad y el funcionamiento de la dominación: La rebelión de Edipo II, Buenos Aires, Ediciones La Mariposa y la Iguana, 2014.

—Sadler, Michelle, *"Así me nacieron a mi hija. Aportes antropológicos para el análisis de la atención biomédica del parto"*. En Sadler, Acuña y Obach, Nacer, Educar, Sanar; Miradas desde la Antropología del Género. Colección Género, Cultura y Sociedad, Cátedra UNESCO Género, Catalonia, 2004.

—Sau, Victoria, *El vacío de la maternidad: madre no hay más que ninguna*, Buenos Aires, Madreselva, 2013.

—Schallman, Raquel, *Parir en libertad: en busca del poder perdido*, Buenos Aires, el autor, 2004.

—Thiébaut, Élise, *Mi sangre*, Buenos Aires, Hekht, 2018.